手绘中国
SHOUHUI ZHONGGUO

杭州城事绘

HANGZHOU CHENG SHI HUI

马达 著

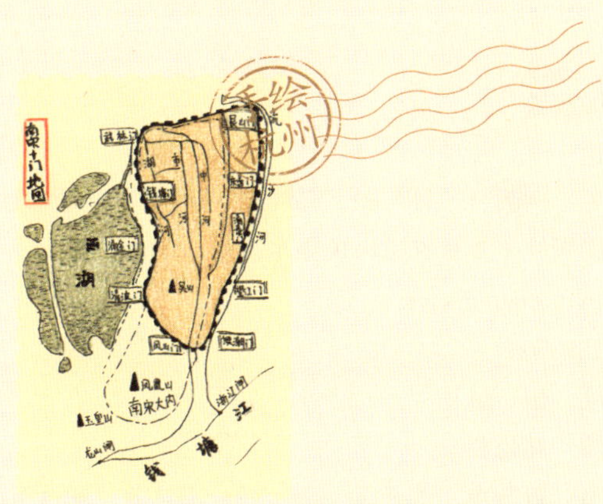

青岛出版集团 | 青岛出版社

图书在版编目（CIP）数据

杭州城事绘 / 马达著. 一青岛 : 青岛出版社，2017.1
ISBN 978-7-5552-5159-0

Ⅰ. ①杭… Ⅱ. ①马… Ⅲ. ①杭州—概况 Ⅳ. ①K295.51

中国版本图书馆CIP数据核字(2017)第014003号

HANGZHOU CHENG SHI HUI
书　　名　杭州城事绘
作　　者　马　达
绘　　图　许德龙　刘明月　孙　聪　韩晔君　王　梓　王平胜　丁　帅　徐　蕾
出版发行　青岛出版社（青岛市崂山区海尔路182号）
本社网址　http://www.qdpub.com
邮购电话　18613853563
策　　划　马克刚　张　晓
责任编辑　刘海波　祁聪颖
特约编辑　高文方　曹雪贞　蒋云飞　李　博　宋总业　刘百玉　赵海明　吕　宁
装帧设计　蒋　晴　王文艳　张　晴　祝玉华
印　　刷　天津联城印刷有限公司
出版日期　2017年3月第1版　2023年5月第2次印刷
开　　本　16开（787mm×1092mm）
印　　张　12.5
字　　数　200千
书　　号　ISBN 978-7-5552-5159-0
定　　价　48.00元

编校印装质量、盗版监督服务电话　4006532017　0532-68068050

目 录

第一章 白话杭州

杭州城市建置史 / 003
“杭之第一功臣”华信 / 007
京杭运河的终点，就选这里了吧！ / 009
李泌凿六井 / 011
天堂建设者钱镠 / 013
范仲淹留给了杭州什么 / 015
南宋为什么定都杭州 / 017
治湖三能手 / 019
杭州的一场“馒头战” / 023
代表房地产权益的老余杭墙界石 / 025
天下第一名社：西泠印社 / 027
“东方剑桥”浙江大学 / 029
笕桥：空中英雄的活跃场 / 031
自备炸药包的钱塘江大桥 / 033
杭州是阿里巴巴最好的选择 / 035

第二章 杭州风俗

老杭州婚俗里的南宋遗风 / 039
“茶都”的多种茶俗 / 041
挨家挨户拜年的四个老头 / 043
清明节——拜祭先祖 / 045
杭州端午节：大中午吃“五黄” / 047
白居易——诗定风俗 / 049
杭州的花朝节和龙井春茶会 / 051
吴山庙会：一年到头拜城隍神 / 055

第三章 杭州景致

西湖十景：美丽背后的故事 / 059
西溪且留下 / 067
钱塘江边的潮皮鸟 / 069
钱塘江大潮竟是伍子胥的怒吼 / 071
钱塘江回头潮：钱镠万箭吓退潮水 / 073
千岛湖边有个农夫山泉 / 075
康熙说的也不算了 / 077
杭州寺庙 / 079
与老衲隔湖相望的“美人” / 083
六和塔：杭州城的守护“将军” / 085
“天目琼花”相当于半个皇帝 / 087
乾隆不让这儿叫“大青谷” / 089
飞来峰帮济公抢人家媳妇 / 091
虎跑泉水配龙井茶才叫享受 / 093
昔日各司其职的“杭城十门” / 095
陆游保住了孩儿巷 / 099
没人愿意走的豆腐桥 / 101
杭州墓葬群英会 / 103

第四章 杭州物产

十八棵御茶树成就了西湖龙井 / 111

好吃到哭的杭帮菜 / 113

东坡肉生成记 / 115

西湖醋鱼：苏东坡与佛印争“鱼” / 117

莼鲈之思：张翰为了吃莼菜，官都不做了 / 119

定胜糕还是“定榫糕” / 121

温婉的杭派女装 / 123

被传说神化的“张小泉剪刀” / 125

令鲁班甘拜下风的西湖绸伞 / 127

大有来头的“丝绸之府” / 129

苏东坡画扇断案 / 131

宋徽宗为奇石三下临安 / 133

一尊回不了国的南宋官窑青瓷 / 135

杭州的百年老字号 / 137

第五章 杭州情趣

杭州方言——颇具趣味的“小语种” / 145

娃哈哈品牌背后的故事 / 147

长寿的老公交 / 149

河坊街的那些事 / 151

知味观的“干炸响铃”没有馅 / 153

历史上最早的“麦田怪圈” / 155

大井巷：是人们又贪心吗？ / 157

倒掉的雷峰塔，解放的白素贞 / 159

世界上最早的校园爱情故事 / 161

奔跑吧兄弟——杭州站 / 163

中国好声音：战车上的“拳头产品” / 165

杨乃武与小白菜 / 167
《富春山居图》真假之谜 / 169
凤凰山上说凤凰 / 171
中秋节：斗来的月饼最好吃 / 173

第六章 风云人物

"任性"的和靖先生痴情了一辈子 / 177
"石油"命名者沈括的可贵之处 / 179
一桩南宋刺杀案 / 181
陈端生：《再生缘》写不尽的才女愁 / 183
"江南药王"胡庆余堂 / 185
章太炎："民国"狂士"章疯子" / 187
盖叫天 / 189
爱好家丑外扬的郁达夫 / 191
戴望舒：民国帅哥的"小布尔乔亚情怀" / 193

白话杭州

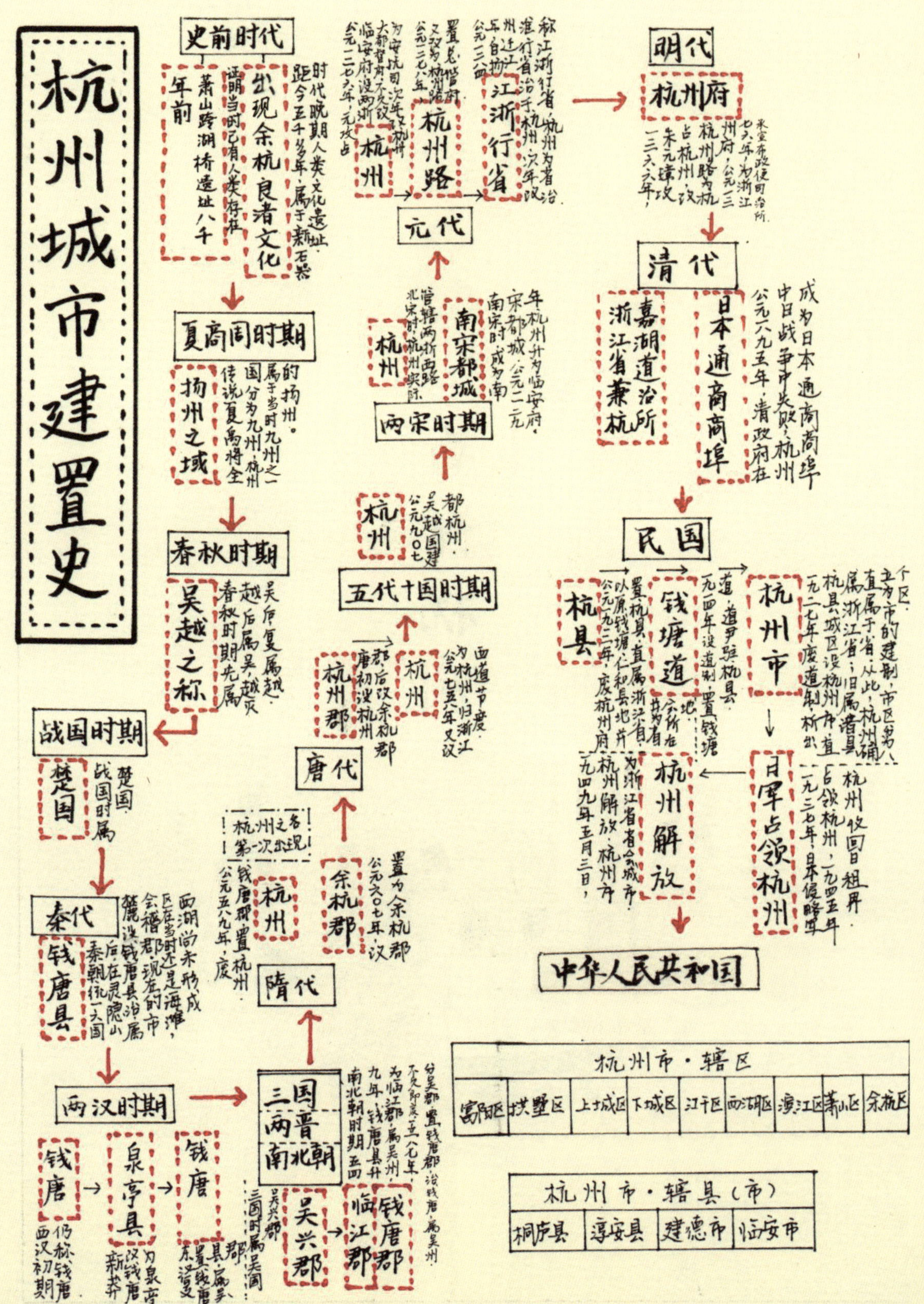

杭州城市建置史
史前时代
时代晚期人类文化遗址。距今五千多年，属于新石器
出现余杭良渚文化
证明当时已有人类存在
萧山跨湖桥遗址八千年前
夏商周时期
的扬州。属于当时九州之一
传说夏禹将全国分为九州，杭州
扬州之域
春秋时期
吴越之称
吴后复属越。
春秋时期先属吴，越灭
战国时期
楚国
战国时属楚国。
秦代
钱唐县
西湖尚未形成
区在当时还是海滩，
会稽郡。现在的市
麓设钱唐县治，属
秦朝统一六国后，在灵隐山
西汉时期
钱唐
仍称钱唐
西汉初期
泉亭县
为泉亭
新莽改钱唐
钱唐
郡。
县，属吴
东汉复置钱唐
三国
两晋
南北朝
吴兴郡
临江郡
钱唐郡
隋代
钱唐郡置杭州
公元五八九年，废
杭州
杭州之名
第一次出现
余杭郡
置为余杭郡
公元六〇七年，改
唐代
杭州郡
郡，后改余杭郡
唐初设杭州
杭州
为杭州，归浙江
西道节度。
公元七五八年又改
五代十国时期
杭州
都杭州。
吴越国建
公元九〇七
两宋时期
杭州
管辖两浙西路
北宋时杭州实际
南宋都城
宋都城。公元一一
南宋时成为南
年杭州升为临安府，
元代
杭州
杭州路
江浙行省
明代
杭州府
清代
嘉湖道治所
浙江省兼杭
日本通商商埠
成为日本通商商埠
中日战争中失败，杭州
公元一八九五年，清政府在
民国
杭县
钱塘道
杭州市
日军占领杭州
杭州解放
为浙江省省会城市
杭州解放，杭州市
一九四九年五月三日，
中华人民共和国
杭州市·辖区
富阳区
拱墅区
上城区
下城区
江干区
西湖区
滨江区
萧山区
余杭区
杭州市·辖县（市）
桐庐县
淳安县
建德市
临安市

杭州城市建置史

1. 史前时代

（1）8000年前 萧山跨湖桥遗址

证明当时这里已经有人类生存。

（2）5000多年前 出现了良渚文化

属于新石器时代晚期人类文化遗址。

2. 夏商周时期

（1）属“扬州之域”

传说夏禹将全国分为九州，杭州属于当时九州之一的扬州。

（2）“余杭”的传说

公元前21世纪，夏禹南巡，在会稽（今绍兴）大会诸侯，期间曾乘舟航行经过杭州一带，并舍其杭（“杭”是方舟的意思）于此，故名“余杭”。另一说是禹至此造舟以渡，越人称此地为“禹杭”，后讹传成“余杭”。

3. 春秋时期

先属越，后属吴，越灭吴后，复属越。

4. 战国时期

属楚国。

5. 秦代

设钱唐县。

秦朝统一六国后，在灵隐山麓设钱唐县治，属会稽郡。现在的市区在当时还是海滩，而西湖尚未形成。

6. 两汉时期

（1）西汉初期

仍称钱唐。

（2）新莽

改钱唐县为泉亭县。

（3）东汉

复置钱唐县，属吴郡。

这一时期的杭州人从宝石山至万松岭修筑了一条海塘，将西湖与海隔断，西湖成为内湖。

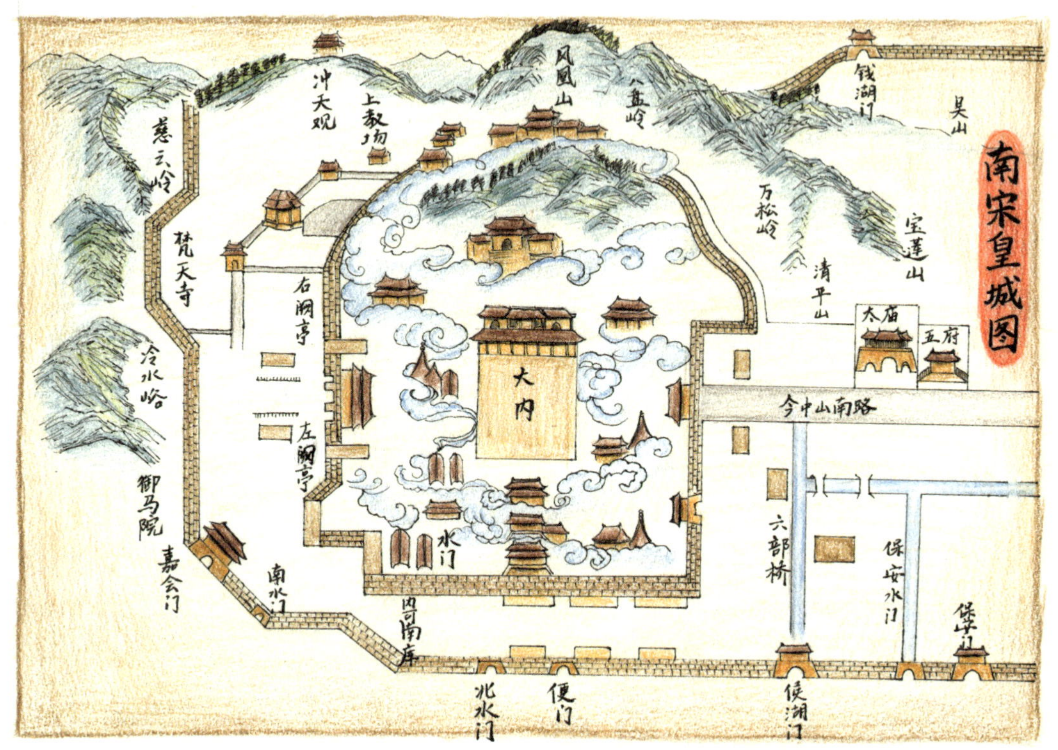

7. 三国、两晋、南北朝时期

（1）三国时期

属于吴国的吴兴郡。

（2）南北朝时期

公元549年，钱唐县升为临江郡，属吴州，不久即废。公元587年，分吴郡，置钱唐郡，治钱唐，属吴州。

8. 隋代

（1）公元589年

废钱唐郡，置杭州，“杭州”之名第一次出现。

（2）公元607年

改置为余杭郡。

9. 唐代

（1）唐初

置杭州郡，后改余杭郡。

（2）公元758年

又改为杭州。

10. 五代十国时期

公元907年，吴越国建都杭州。

11. 两宋时期

（1）北宋

杭州实际管辖两浙西路。

（2）南宋

杭州成为南宋都城。

公元1129年，杭州升为临安府；公元1138年，南宋定都于此，杭州城得到大规模扩展。

12. 元代

（1）公元1276年　杭州

元军攻占临安府，设两浙大都督府，不久改为安抚司,次年改临安府为杭州。

（2）公元1278年　杭州路

公元1278年，又改为杭州路。

（3）公元1284年　江浙行省

自扬州迁江淮行省治于杭州，次年改称江浙行省，杭州为省治始此。

13. 明代

公元1366年　杭州府

朱元璋攻占杭州，改杭州路为杭州府，公元1376年，为浙江承宣布政使司治所。

14. 清代

（1）浙江省兼杭嘉湖道治所。

（2）公元1895年，清政府在中日战争中失败，杭州成为日本通商商埠。

15. 民国时期

（1）1912年，废杭州府，以原钱塘、仁和县地并置杭县，直属浙江省，并为省会所在地。

（2）1914年，设道制，置钱塘道，道尹驻杭县。

（3）1927年，废道制，析出杭县城区设杭州市，直属浙江省；旧属诸县直属于省。从此，杭州确立为市的建制，市区分为八个区。

（4）1937年，日本侵略军占领杭州；1945年，杭州收回日租界。

（5）1949年5月3日，杭州解放，杭州市为浙江省省会。

16. 中华人民共和国

目前杭州辖9个市辖区、2个县，代管2个县级市。

杭州市辖区		杭州市辖县（市）	
	拱墅区		桐庐县
	上城区		
	下城区		淳安县
	江干区		
	西湖区		建德市
	滨江区		
	萧山区		临安市
	余杭区		
	富阳区		

浙江省省会杭州，是吴越文化的发源地之一，自秦设县治以来，已有2200多年历史，并曾作为吴越国和南宋的都城。古时杭州得益于隋朝开凿的京杭大运河和位于东南沿海的地理优势，曾是历史上重要的商业集散中心。不仅如此，杭州还因为秀美的风景被赞为“上有天堂，下有苏杭”，一直是旅游胜地。

『杭之第一功臣』华信

杭州被称为『地上天堂』，而西湖是这个地上天堂的心脏和灵魂。但你可知，何前追溯两千年，杭州西湖与海洋相通，湖水咸涩无法民用。直到华信出任杭州，西湖的状况才得以改善。

东汉的某一年，华信来到钱唐（杭州）任职。他巡视一圈，隐约感到如果将武林水（西湖）与大海彻底隔绝，将它变成淡水湖，用来灌溉、种植，应该是极好的。但在没有挖掘机的时代，修筑海塘可是个大工程。当时大家还没觉察到西湖的重要性，所以政府并没打算拨款，百姓也不积极，建筑防海大塘的计划似乎要被搁置了，但华信并没有放弃这一计划。

据说他贴出告示：凡能送一斛土到海塘边上的，给钱一千！所谓重赏之下必有勇夫，消息一出，百姓争先恐后地往修筑海塘处搬运土石。等搬得差不多了，华信却又贴出告示告知大家：对不起，海塘可能修不成了，土石不需要了。大家好不容易将土石搬过来，虽然很生气，但总不能再搬回去，索性扔下土石回家了。过了一阵，华信说，放在海边的土石如果不用，天长日久也会被海水冲刷走，还不如大家使使劲，一起将海塘建起来。大家想想确实如此，于是齐心协力，将海塘建成。海塘的建成，使得武林水终于和海洋说了再见，西湖就此生成，逐渐开始发挥它灌溉、养殖的作用。除此之外，古钱唐潮汐出入、海水泛滥的状况也得到改善，海塘外面泥沙淤积速度加快，杭州地区的陆地不断扩大，这使得杭州像个处在青春期的孩子，日夜生长。后人懂得了华信的一片苦心，将其称为『杭之第一功臣』。

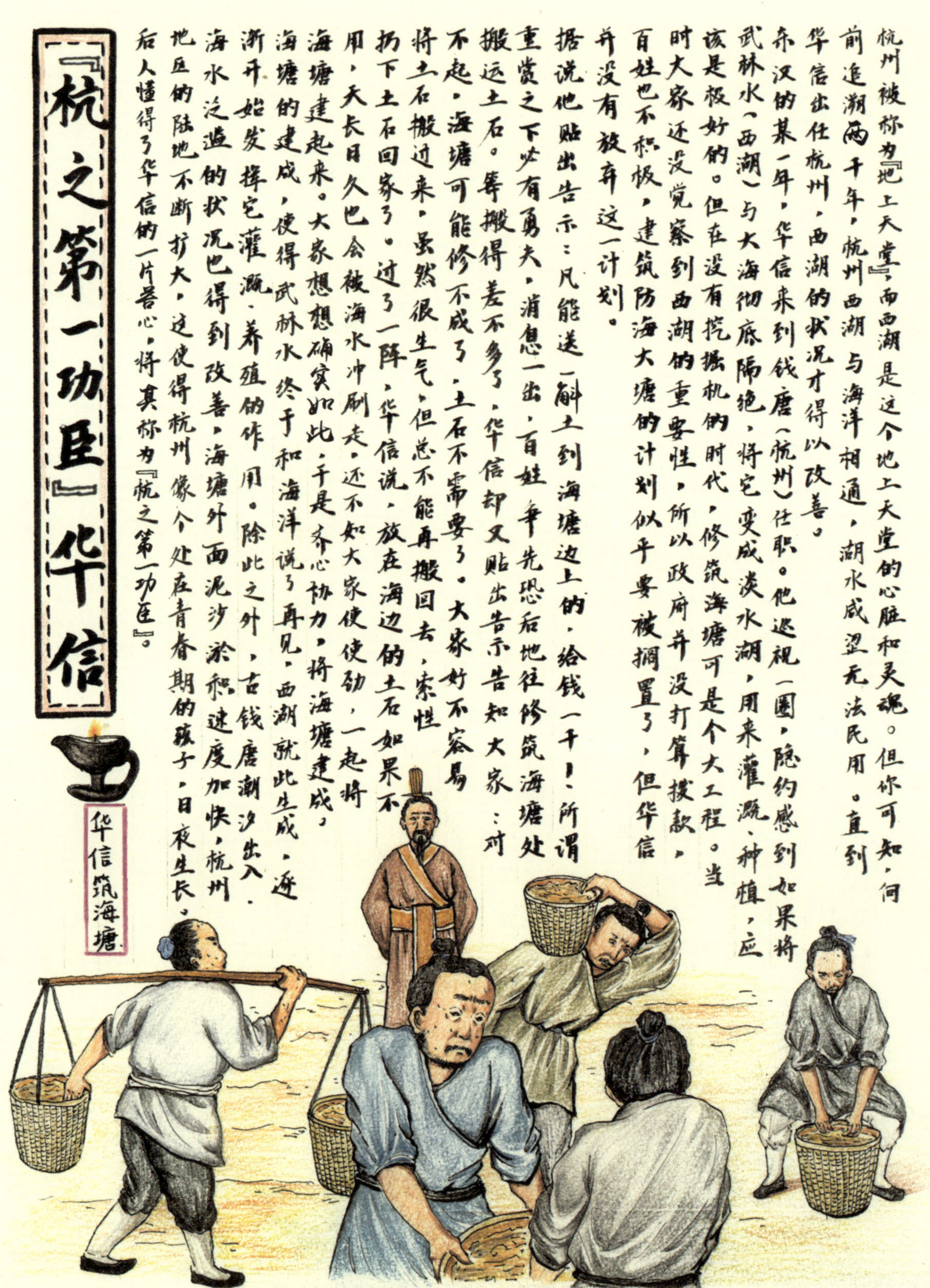

华信筑海塘

“杭之第一功臣”华信

杭州被称为“地上天堂”，而西湖是这个地上天堂的心脏和灵魂。但你可知，向前追溯2000年，杭州西湖与海洋相通，湖水咸涩无法民用。直到华信出任杭州，西湖的状况才得以改善。

东汉的某一年，华信来到钱唐（杭州）任职。他巡视一圈，隐约感到如果将武林水（西湖）与大海彻底隔绝，将它变成淡水湖，用来灌溉、种植，应该是极好的。但在没有挖掘机的时代，修筑海塘可是个大工程。当时大家还没觉察到西湖的重要性，所以政府并没打算拨款，百姓也不积极，建筑防海大塘的计划似乎要被搁置了，但华信并没有放弃这一计划。

据说他贴出告示：凡能送一斛土到海塘边上的，给钱一千！所谓重赏之下必有勇夫，消息一出，百姓争先恐后地往修筑海塘处搬运土石。等搬得差不多了，华信却又贴出告示告知大家：对不起，海塘可能修不成了，土石不需要了。大家好不容易将土石搬过来，虽然很生气，但总不能再搬回去，索性扔下土石回家了。过了一阵，华信说，放在海边的土石如果不用，天长日久也会被海水冲刷走，还不如大家使使劲，一起将海塘建起来。大家想想确实如此，于是齐心协力，将海塘建成。

海塘的建成，使得武林水终于和海洋说了再见，西湖就此生成，逐渐开始发挥它灌溉、养殖的作用。除此之外，古钱唐潮汐出入、海水泛滥的状况也得到改善，海塘外面泥沙淤积速度加快，杭州地区的陆地不断扩大，这使得杭州像个处在青春期的孩子，日夜生长。后人懂得了华信的一片苦心，将其称为“杭之第一功臣”。

京杭运河的终点，就选这里了吧！

相传隋炀帝欲一睹扬州琼花芳容而开凿京杭大运河。传说毕竟不真，因为赏花无须这么大费周章。其背后根本原因，却是为了加强与南方的联系。中国古代经济中心原本在黄河流域，但因连年战争，北方发展逐渐变得迟缓。与此同时，北人南迁，带去大批劳动力和先进技术，加上南方相对安定的环境，中国的经济重心偏移到江浙一带。隋炀帝将首都由西安迁到洛阳，虽然已嗅到越来越浓的『钱味儿』，但毕竟不能把国都迁到南方，成偏安一隅之势。于是开凿京杭大运河，沟通南北。

京杭大运河与长城、坎儿井并称为中国古代的三项伟大工程。

北方需要南方的大米、丝绸和茶叶，但如果将大运河一直往南凿，其性价比就会由高转低，这个转折点就是杭州。杭州气候温暖，地势平坦，离中原文明也近，在南北朝时期已开发得相当到位。但杭州之南，因为气候、地理等原因，优势渐渐不那么明显。隋炀帝思考再三，心中敲定一颗棋子：『京杭运河的终点，就选这里了吧！』

杭州因大运河，如虎添翼。运河使杭州与京城洛阳相连，城市地位马上提升。隋文帝时废钱唐郡，设『杭州』，大运河开凿后，『杭州』这一名字在大米、茶叶和丝绸的交易中迅速传播。杭州本土也迅速成为南方货物集散地。唐朝时，杭州成为中国三大通商口岸之一；南宋定都杭州后，杭州『漕运』达到鼎盛。当时的杭州城市人口达一百二十四万，成为世界十大城市之一；到明清时期，运河两岸粮仓爆满，被誉为『天下粮仓』！如果说西湖负责杭州的美丽，那么京杭大运河就负责古杭州的财富，让杭州的美有了保障。

京杭运河的终点，就选这里了吧！

相传隋炀帝欲一睹扬州琼花芳容，因而开凿京杭大运河。传说毕竟不真，因为赏花无须这么大费周章。其背后根本原因，却是为了加强与南方的联系。

中国古代经济中心原本在黄河流域，但因连年战争，北方发展逐渐变得迟缓。与此同时，北人南迁，带去大批劳动力和先进技术，加上南方相对安定的环境，中国的经济重心偏移到江浙一带。隋炀帝将首都由西安迁到洛阳，虽然已嗅到越来越浓的“钱味儿”，但毕竟不能把国都迁到南方，成偏安一隅之势，于是开京杭大运河，沟通南北。

北方需要南方的大米、丝绸和茶叶，但如果将大运河一直往南凿，其性价比就会由高转低，这个转折点就是杭州。杭州气候温暖、地势平坦，离中原文明也近，在南北朝时期已开发得相当到位。但杭州之南，因为气候、地理等原因，优势渐渐不那么明显。隋炀帝思考再三，心中敲定一颗棋子：“京杭运河的终点，就选这里了吧！”

杭州因大运河，如虎添翼。运河使杭州与京城洛阳相连，城市地位马上提升。隋文帝时废钱唐郡，设“杭州”，大运河开凿后，“杭州”这一名字在大米、茶叶和丝绸的交易中迅速传播。杭州本土也迅速成为南方货物集散地。唐朝时，杭州成为中国三大通商口岸之一；南宋定都杭州后，杭州“漕运”达到鼎盛，当时的杭州城市人口达124万，成为世界十大城市之一；到明清时期，运河两岸粮仓爆满，被誉为“天下粮仓”！

如果说西湖负责杭州的美丽，那么京杭大运河就负责古杭州的财富，让杭州的美有了保障。

李泌凿六井

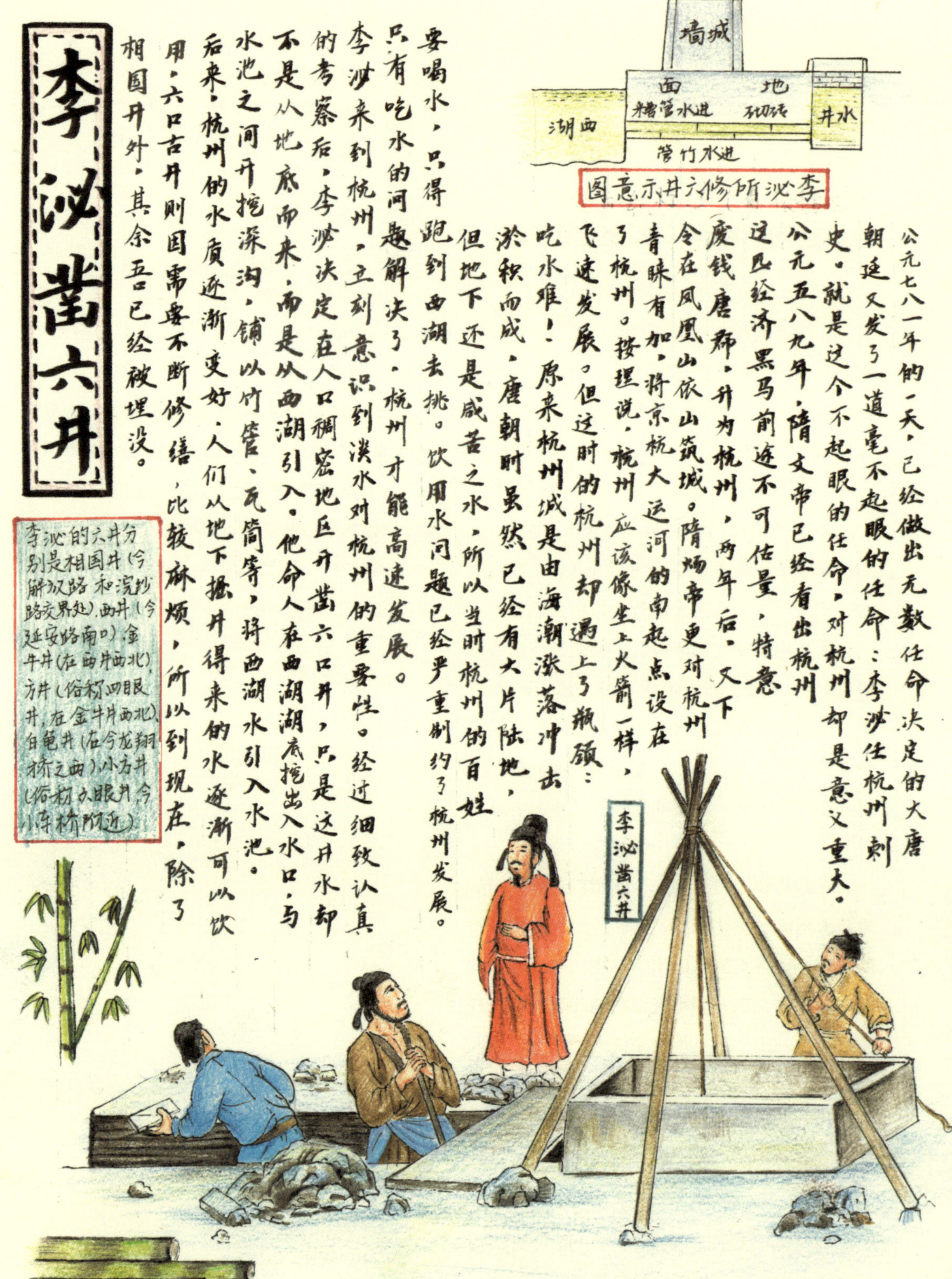

李泌所修六井示意图

公元七八一年的一天，已经做出无数任命决定的大唐朝廷又发了一道毫不起眼的任命：李泌任杭州刺史。就是这个不起眼的任命，对杭州却是意义重大。

公元五八九年，隋文帝已经看出杭州这匹经济黑马前途不可估量，特意废钱唐郡，升为杭州，两年后，又下令在凤凰山依山筑城。隋炀帝更对杭州青睐有加，将京杭大运河的南起点设在了杭州。按理说，杭州应该像坐上火箭一样，飞速发展。但这时的杭州却遇上了瓶颈：吃水难！原来杭州城是由海潮涨落冲击淤积而成，唐朝时虽然已经有大片陆地，但地下还是咸苦之水，所以当时杭州的百姓要喝水，只得跑到西湖去挑。饮用水问题已经严重制约了杭州发展。只有吃水的问题解决了，杭州才能高速发展。

李泌来到杭州，立刻意识到淡水对杭州的重要性。经过细致认真的考察后，李泌决定在人口稠密地区开凿六口井，只是这井水却不是从地底而来，而是从西湖引入。他命人在西湖湖底挖出入水口，与水池之间开挖深沟，铺以竹管、瓦筒等，将西湖水引入水池。后来，杭州的水质逐渐变好，人们从地下掘井得来的水逐渐可以饮用，六口古井则因需要不断修缮，比较麻烦，所以到现在，除了相国井外，其余五口已经被埋没。

李泌的六井分别是相国井（今解放路和浣纱路交界处），西井（今延安路南口），金牛井（在西井西北），方井（俗称四眼井，在金牛井西北），白龟井（在今龙翔桥之西），小方井（俗称六眼井，今小车桥附近）。

李泌凿六井

公元781年的一天，已经做出无数任命决定的大唐朝廷又发了一道毫不起眼的任命：李泌任杭州刺史。就是这个不起眼的任命，对杭州却是意义重大。

公元589年，隋文帝已经看出杭州这匹经济黑马前途不可估量，特意废钱唐郡，升为杭州，两年后，又下令在凤凰山依山筑城。隋炀帝更对杭州青睐有加，将京杭大运河的南起点设在了杭州。按理说，杭州应该像坐上火箭一样，飞速发展。但这时的杭州却遇上了瓶颈：吃水难！原来杭州城是由海潮涨落冲击淤积而成，唐朝时虽然已经有大片陆地，但地下还是咸苦之水，所以当时杭州的百姓要喝水，只得跑到西湖去挑。饮用水问题已经严重制约了杭州发展。只有吃水的问题解决了，杭州才能高速发展。

李泌来到杭州，立刻意识到淡水对杭州的重要性。经过细致认真的考察后，李泌决定在人口稠密地区开凿六口井，只是这井水却不是从地底而来，而是从西湖引入。他命人在西湖湖底挖出入水口，在居民聚集地开挖六口大水池（井），用砖石砌好后，再将西湖入水口与水池之间开挖深沟，铺以竹管、瓦筒等，将西湖水引入水池。

后来，杭州的水质逐渐变好，人们从地下掘井得来的水逐渐可以饮用，六口古井则因需要不断修缮，比较麻烦，所以到现在，除了相国井外，其余五口已经被埋没。吃水不忘挖井人，杭州人并没有忘记这位曾经为杭州发展作出贡献的李泌，为纪念他，当地在昔日入水口处设立李泌引水装置和六井纪念标志。

小贴士：

六井的名字

李泌建的六井分别是相国井（今解放路和浣纱路交界处）、西井（今延安路南口）、金牛井（在西井西北）、方井（俗称四眼井，在金牛井西北）、白龟井（在今龙翔桥之西）、小方井（俗称六眼井，今小车桥附近）。

天堂建设者钱镠

公元八五七年，杭州一农妇生下一个小男孩。据说父亲看他丑得无法直视，便打算将他扔到井里。祖母见孩子可怜，好说歹说劝儿子将他留下。但谁也没想到，这个相貌丑陋的男孩，竟然将杭州建设成了人间天堂。这个男孩，就是钱镠。

长大后的钱镠练就一身武艺，投奔了唐朝后期著名大将董昌。由于表现突出，钱镠很快便接手江浙地区。后来老上司董昌叛乱，钱镠迅速将其平定，让杭州地区避免了一场战乱。朝廷也很高兴，封他为王。九〇七年，朱温废唐朝，建后梁，周围的人纷纷劝钱镠也立国，但他只笑了笑，继续接受梁朝册封的『吴越王』称号。几年后，后梁被后唐取代，钱镠依旧接受册封，始终未打算与中原政权抗衡。因为他知道，吴越国地域狭小，实力不足，与中原王朝相抗衡，无异于以卵击石，没有一点好处。与其这样，不如俯首称臣。这样，中原王朝不仅不会把他作为攻击对象，还能优待他。然后省下打仗的时间用来发展，岂不是更好？所以钱镠没有抢占更多地盘的打算，而是将精力放在『内政』上，礼贤下士，广进人才，奖励垦荒，发展农桑。他疏浚西湖，方便农田灌溉；又修筑钱塘江海塘，保护江边农田；还建立水网圩区的维修制度，保证连年增收。他在位的时候，『钱塘富庶盛于东南』，包括杭州在内的吴越地区成为那个战乱时代的一方乐土。他的这种以民为本的思想还传给了他的后人。公元九七八年，绝大多数土地已归入宋朝。钱镠后代钱弘俶为避免战乱给吴越地区带来伤害，主动献土并入北宋。就是这个差点因为貌丑而死掉的钱镠，却赋予杭州无限风光。所以看人不能光看长相啊！

弃儿图

天堂建设者钱镠

公元857年，杭州一农妇生下一个小男孩。据说父亲看他丑得无法直视，便打算将他扔到井里，祖母见孩子可怜，好说歹说劝儿子将他留下。但谁也没想到，这个相貌丑陋的男孩，竟然将杭州建设成了人间天堂。这个男孩，就是钱戮。

长大后的钱镠练就一身武艺，投奔了唐朝后期著名大将董昌。由于表现突出，钱镠很快便接手江浙地区。后来老上司董昌叛乱，钱镠迅速将其平定，让杭州地区避免了一场战乱。朝廷也很高兴，封他为王。公元907年，朱温废唐朝、建后梁，周围的人纷纷劝钱镠也立国，但他只笑了笑，继续接受梁朝册封的“吴越王”称号。几年后，后梁被后唐取代，钱镠依旧接受册封，始终未打算与中原政权抗衡。因为他知道,吴越国地域狭小，实力不足，与中原王朝相抗衡，无异于以卵击石，没有一点好处。与其这样，不如俯首称臣。这样，中原王朝不仅不会把他作为攻击对象，还能优待他。然后省下打仗的时间用来发展，岂不是更好？所以钱镠没有抢占更多地盘的打算，而是将精力放在“内政”上，礼贤下士，广进人才，奖励垦荒，发展农桑。他疏浚西湖，方便农田灌溉；又修筑钱塘江海塘，保护江边农田；还建立水网圩区的维修制度，保证连年增收。他在位的时候，“钱塘富庶盛于东南”，包括杭州在内的吴越地区成为那个战乱时代的一方乐土。他的这种以民为本的思想还传给了他的后人。公元978年，绝大多数土地已归入宋朝。钱镠后代钱弘俶为避免战乱给吴越地区带来伤害，主动献土并入北宋。

就是这个差点因为貌丑而死掉的钱镠，却赋予杭州无限风光。所以看人不能光看长相啊！

小贴士：

人才辈出的钱镠后人

据史料记载，钱镠有33个儿子，并且大多被他派往江浙各个地区做官，所以钱氏家族很快繁衍开来。钱镠后人人才辈出，光近代就有钱穆、钱玄同、钱钟书、钱学森、钱伟长、钱三强、钱其琛等风云人物。

范仲淹留给了杭州什么

先天下之忧而忧，后天下之乐而乐。—范仲淹

范仲淹刚任杭州『市长』(杭州知州)就摊上了浙江地区闹灾荒，粮价飞涨。按一般官员的解决思路，上奏朝廷，请求强制抑制物价、调粮救济是第一反应但范仲淹没有这样做，而是让商贩将粮价由一百二十钱涨到一百八十钱。大家以为范仲淹疯了，但事实告诉大家，这位『市长』智商超群。原来杭州粮价飙升的消息传出去之后，商人们见有利可图，便没黑没白地往杭州运粮。粮运得越多，粮价跌落得越严重。靠着这个办法，范仲淹带领大家度过了灾年。

不过那几年日子总是不太平。宋神宗年间，江浙一带又闹饥荒。商人已经吃亏，之前的那一招已经不好使，但这次范仲淹依旧没有按套路出牌。他组织了各种形式的划船比赛，还亲自前去观看。很多商人信佛，他就召集寺庙住持，动员大家修葺寺庙。除此之外，还用灾年工人成本低来动员大户人家修园林、房屋。很多人不理解范仲淹的这些做法，上奏弹劾。朝廷派人来查办，要求范仲淹作出解释。范仲淹说了一番像帮助美国度过经济危机的罗斯福总统所说的话：一味开仓救济并不是好办法。

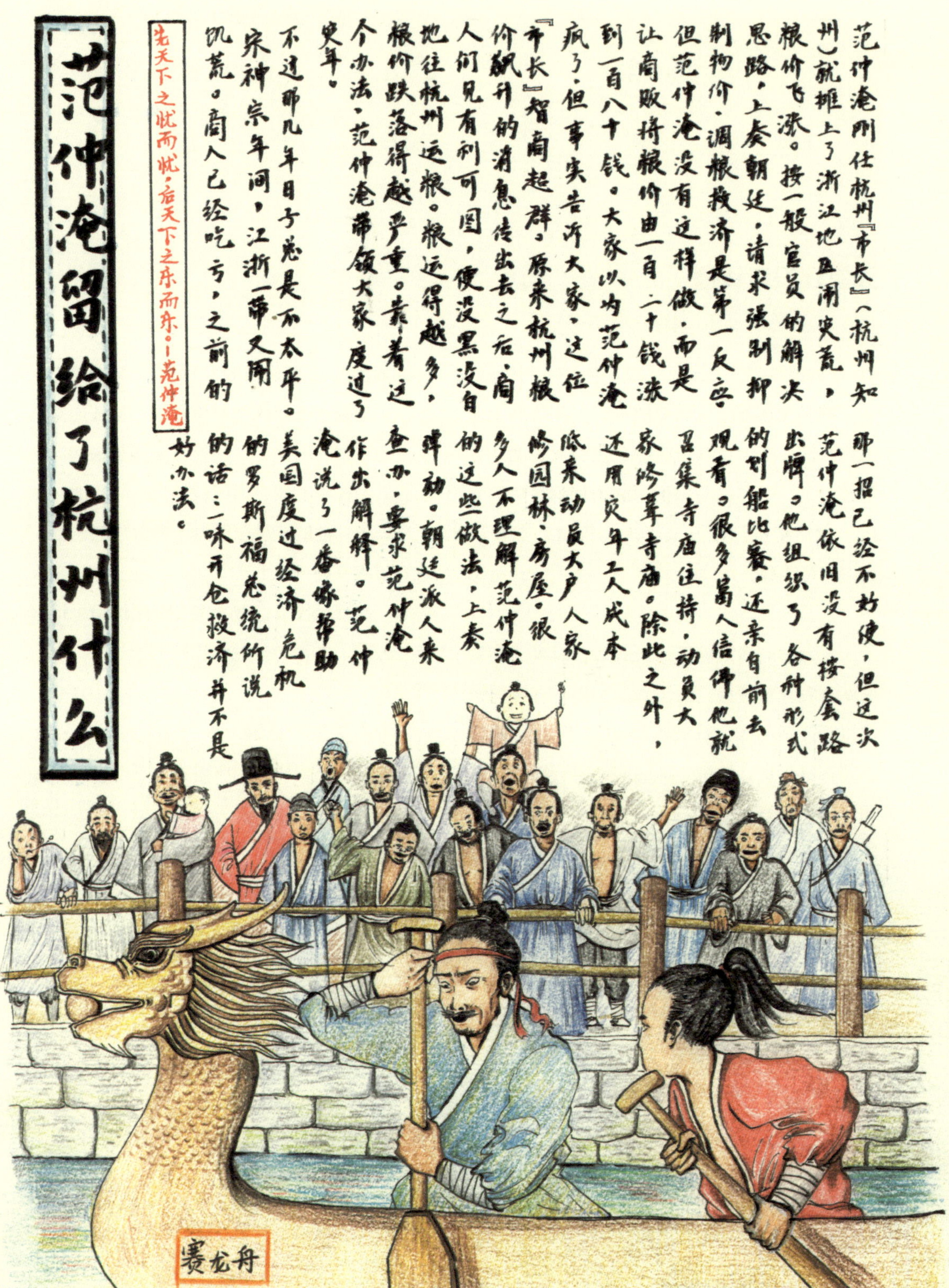

范仲淹留给了杭州什么

范仲淹刚任杭州“市长”（杭州知州）就摊上了浙江地区闹灾荒，粮价飞涨。按一般官员的解决思路，上奏朝廷，请求强制抑制物价、调粮救济是第一反应。但范仲淹没有这样做，而是让商贩将粮价由一百二十钱涨到一百八十钱。大家以为范仲淹疯了，但事实告诉大家，这位“市长”智商超群。原来杭州粮价飙升的消息传出去后，商人们见有利可图，便没黑没白地往杭州运粮。粮运得越多，粮价跌落得越严重。靠着这个办法，范仲淹带领大家度过了灾年。

不过那几年日子总是不太平。宋神宗年间，江浙一带又闹饥荒。商人吃过亏，之前的那一招已经不好使，但这次范仲淹依旧没有按套路出牌。他组织了各种形式的划船比赛，还亲自前去观看。很多富人信佛，他就召集寺庙住持，动员大家修葺寺庙。除此之外，他还用灾年工人成本低来动员大户人家修园林、房屋。很多人不理解范仲淹的这些做法，上奏弹劾。朝廷派人来查办，要求范仲淹作出解释。范仲淹说了一番十分像帮助美国度过经济危机的罗斯福所说的话：一味开仓救济并不是好办法，帮灾民找到出路才能从根本上解决问题。赛龙舟、建寺庙、修建宅院，可以为他们提供就业机会，让他们自己走出困境。百姓有钱了，自然能拉动内需。稍后的事实有力地证明了范仲淹的做法。当其他州府饿殍遍野时，杭州却是“里巷康衢，垂髫怡然”。

范仲淹不像白居易、苏轼，没做什么具体的工程，但他对杭州的影响却不亚于他们。因为他给杭州提供了一种解决问题的态度、一种市场调节的经济思维和一种灵活变通的心态。

小贴士：

文学家范仲淹

范仲淹不光官做得好，诗文写得也很棒。像“先天下之忧而忧，后天下之乐而乐”（《岳阳楼记》）、“明月楼高休独倚，酒入愁肠，化作相思泪”（《苏幕遮》）、“浊酒一杯家万里，燕然未勒归无计”（《渔家傲·秋思》）等都是出自他之手。

南宋为什么定都杭州

一一〇〇年，北宋第八位皇帝宋徽宗继位。这位皇帝琴棋书画样样精通，但在治国方面，几乎是一窍不通。而此时，北方的金国在打败辽国后野心爆棚，将矛头对准了有钱又软弱的宋朝『小肥羊』。迅速向南席卷，攻破都城开封，将宋徽宗掳去。国不可一日无君，大家一看皇帝被抓走了，立刻将金兵的漏网之鱼——康王赵构拥立起来，在南逃中建起了南宋。新皇帝找到了，都城又该选哪里呢？此时北方的大部分土地已经被金兵占领，选都城只能往南看。经评估，大家觉得南京曾是六朝古都，也算是都城界的老牌选手，更关键的是，南京有长江天堑，金兵打不过来！正在大家寻思着将南京变成都城的时候，一一二九年，金兵已经攻破扬州，直逼南京。这时大家突然发现，金兵攻势猛烈，定都南京太危险。于是大家继续往南看，发现杭州才是定都之首选！

首先，杭州不靠长江，地处后方，比较安全，如果金兵攻破长江，还有逃跑的时间。其次，浙西一带水网交错，即使金兵跨过长江，面对这样的地形也没什么辙。再者，隋朝开凿的京杭大运河，后唐吴越国推行的保境安民政策，使杭州经济发展迅速。

南宋为什么定都杭州

1100年，北宋第八位皇帝宋徽宗继位。这位皇帝琴棋书画样样精通，但在治国方面，几乎是一窍不通。而此时，北方的金国在打败辽国后野心爆棚，将矛头对准了有钱又软弱的宋朝“小肥羊”，迅速向南席卷，攻破都城开封，将宋徽宗掳去。国不可一日无君，大家一看皇帝被抓走了，立刻将金兵的漏网之鱼——康王赵构拥立起来，在南逃中建起了南宋。新皇帝找到了，都城又该选哪里呢？

此时北方的大部分土地已经被金兵占领，选都城只能往南看。经评估，大家觉得南京曾是六朝古都，也算是都城界的老牌选手，更关键的是，南京有长江天堑，金兵打不过来！正在大家寻思着将南京变成都城的时候，1129年，金兵已经攻破扬州，直逼南京。这时大家突然发现，金兵攻势猛烈，定都南京太危险。于是大家继续往南看，发现杭州才是定都之首选！

首先，杭州不靠长江，地处后方，比较安全，如果金兵攻破长江，还有逃跑的时间。其次，浙西一带水网交错，即使金兵跨过长江，面对这样的地形也没什么辙。再者，隋朝开凿的京杭大运河、后唐吴越国推行的保境安民政策，使杭州经济发展迅速，到宋代已经是“地上天宫”。选择杭州，财力有保障，吃穿不愁。

1138年，南宋朝廷正式搬到了临安（杭州），这一政权终于结束了漂泊的生活。

小贴士：

南宋对杭州的影响

不管南宋一朝结局怎样，南宋定都杭州，给杭州带来了不小的发展机遇。黄河流域大量人口流入，带来大量劳动力。宋高宗虽然治国有欠缺，但对百姓生计干扰少，对知识分子也还宽容，使杭州经济不断发展，海外贸易兴旺。在当时的亚洲乃至全世界，南宋的经济发展程度都是名列前茅的。马可·波罗到杭州后，曾赞美这里是“世界上最美丽华贵之天城”。

治湖三能手

苏轼曾经说："杭州之有西湖，如人之有眉目，盖不可废也。"作为杭州的眉目、心脏与灵魂，西湖的治理关系着杭州的发展，所以古人对西湖的治理相当卖力。其中有三个治湖能手不能不说，那就是白居易、苏轼和杨孟瑛。

一、为西湖定基调、做广告的白居易

白居易脾气直，有看不惯的事就向皇帝提意见，因此得罪了很多权贵。加上朝中拉帮结派，视家要宜，白居易便主动请求外放到杭州。来到杭州的他很快发现，西湖虽有旧堤，但堤身低，且年久失修，天旱时起不了蓄水灌溉的作用，碰上雨天，也不能蓄水防洪。于是白居易在湖内筑堤，将西湖一分为二，堤内蓄水，堤外种植，然后将西湖与京杭大运河贯通。这下，西湖既能防旱抗洪，又能便利水运，使得杭州在相当长的时间内平稳发展。经过治理后的西湖少了一些粗犷，多了几分妩媚，西湖柔情温婉的基调就此生成。

白居易不光治湖工程做得漂亮，后续工作做得也相当到位。为方便后世管理，他将筑堤的方法、使用事项写成一篇《钱唐湖石记》，刻于湖边石头上，让后人尽量避免走弯路。然后他以国家级诗人的身份写了二百多首关于杭州的好诗，这些诗迅速在全国传诵，西湖也迅速出名，广告效应非同凡响。离任前，他还拿出工资中的一部分作为疏浚西湖的基金，施政方案十分前卫。

二、让西湖浓妆淡抹总相宜的苏东坡

一〇六九年，苏轼第一次到杭州任职。当时的西湖已为广种茭白，湖底已茭白根交错淤塞，亟待疏浚。但苏轼还没来得及下手，第二年就被调离杭州。十六年后，当他第二次到杭州任职的时候，终于得以疏浚西湖。他深知积贫积弱的北宋拿不出多少钱来，便在朝廷准许治湖后，想方设法筹措治湖经费。一方面用朝廷给的一百道

白居易指导筑堤

治湖三能手

苏轼曾经说“杭州之有西湖,如人之有眉目,盖不可废也”。作为杭州的眉目、心脏与灵魂的西湖，其治理关系着杭州的发展，所以古人对西湖的治理相当卖力。其中有三个治湖能手不能不说，那就是白居易、苏轼和杨孟瑛。

一、为西湖定基调、做广告的白居易

白居易脾气直，有看不惯的事就向皇帝提意见，因此得罪了很多权贵。加上朝中拉帮结派现象严重，白居易便主动请求外放到杭州。来到杭州的他很快发现，西湖虽有旧堤，但堤身低，且年久失修，天旱时起不了蓄水灌溉的作用；碰上雨天，也不能蓄水防洪。于是白居易在湖内筑堤，将西湖一分为二，堤内蓄水，堤外种植，然后将西湖与京杭大运河贯通。这下，西湖既能防旱抗洪，又能便利水运，使得杭州在相当长的时间内平稳发展。经过治理后的西湖少了一些壮阔，多了几分妩媚，西湖柔情温婉的基调就此生成。

白居易不光治湖工程做得漂亮，后续工作做得也相当到位。为方便后世管理，他将筑堤的方法、使用事项写成一篇《钱唐湖石记》，刻于湖边石头上，让后人尽量避免走弯路。然后他以国家级诗人的身份写了二百多首关于杭州的好诗，这些诗迅速在全国传诵，西湖也迅速出名，广告效应非同凡响。离任前，他还拿出工资中的一部分作为疏浚西湖的基金，施政方案十分前卫。

二、让西湖淡妆浓抹总相宜的苏东坡

1069年，苏轼第一次到杭州任职。当时的西湖因为广种茭白，湖底因茭白根交错淤塞，亟待疏浚。但苏轼还没来得及下手，第二年就被调离杭州。16年后，当他第二次到杭州任职的时候，终于得以疏浚西湖。他深知积贫积弱的北宋拿不出多少钱来，便在朝廷准许治湖后，想方设法筹措治湖经费。一方面用朝廷给的一百道僧人“度牒”换了一万七千贯钱，又在家日夜加班，创作出大量字画，用以筹钱。因为当地人种菱，需要在春天全部拔除，所以苏轼将西湖承包出去供人种菱。这样一方面能处理掉部分茭白根，一方面又能筹集治湖资金。很快，苏轼就募集到了足够的资金，一场前所未有的治湖行动也开始了。

他招募了二十万民工开挖淤泥，还做了可口的东坡肉犒劳他们。百姓知道，疏浚西湖能使杭州城重新有蓄水之地，解除杭州旱涝威胁、保障农业生产，也能解决杭州城的饮水问题，所以干得分外卖力，工程进展很快。但是

僧人『度牒』换了一万七千贯钱，又在冬日夜加班，创作出大量字画，用以筹钱。因为当地人种菱，需要在春天全部拔除，所以苏轼将西湖承包出去供人种菱。这样一方面能处理部分菱白根，一方面又能筹集治湖资金。很快苏轼就募集到了足够的资金，一场前所未有的治湖行动也开始了。

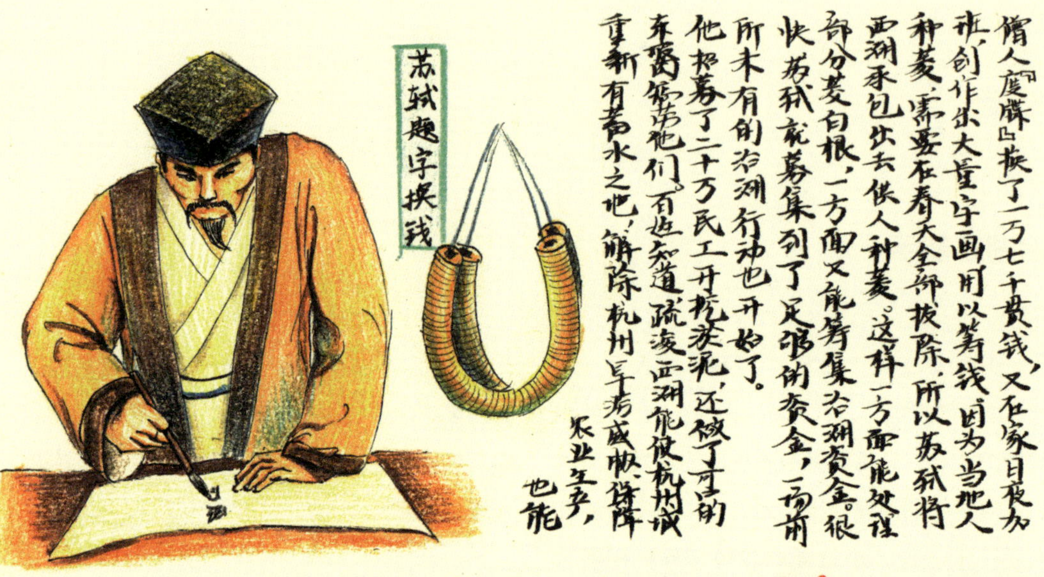

他招募了二十万民工开挖淤泥，还做了可口的东坡肉犒劳他们。百姓知道疏浚西湖能使杭州城重新有蓄水之地，解除杭州旱涝威胁，保障农业生产，也能解决杭州城的饮水问题，所以干得十分卖力，工程进展很快。但是问题又来了——这些淤泥怎么办？苏轼又想办法叫这些淤泥在西湖上筑起一道长堤，堤上建桥堤岸植柳。这不仅解决了淤泥问题，还为西湖增添了一道风景。这才有了苏轼笔下『浓抹总相宜』的西湖。

三、还湖于民的杨孟瑛

定都杭州的那帮南宋人，整日享受西湖美景的『暖风熏得游人醉，直把杭州作汴州』，所以元朝以后，西湖被当成『红颜祸水』，受了前所未有的冷遇，少有人管理，任其淤塞。哪个土豪有钱，想在西湖边上圈块土地建个别墅，政府也是默许状态。可土豪霸占西湖却苦了百姓。而这一切，多亏了杨孟瑛才得以改变。

一五〇三年，杭州新任太守杨孟瑛来到了西湖。那个在苏轼眼中不输于西施的西湖，此时却是湖中淤塞，湖面变小，岸边建满了富豪的别墅，再无清丽之貌。杨孟瑛很心痛，立刻上奏朝廷。准奏，杨孟瑛就贴出告示，给出对湖边违章建筑的拆迁方案，然后以风一样的速度治理西湖。一百五十二天后，三千五百亩违法田地被清除，岸边富豪也已搬迁，西湖终于恢复了往日景象，重新回到了杭州百姓的怀抱。杨孟瑛因为得罪了不少富豪而被调走，但在西湖历史上，他却留下了浓重的一笔。

小贴士：治湖三能手在治理西湖的过程中都在西湖筑堤，这些堤现在还在吗？

名称	建造者	如今状况
白堤	白居易	现在西湖上还有『白堤』。但这条白堤在白居易来杭州之前就已存在。白居易建的白堤后来已经消失不见，人们为了纪念白居易，便将这堤称为『白堤』。
苏堤	苏轼	苏堤因质量高风景好，一直是西湖盛景。南宋时，『苏堤春晓』被评为『西湖十景』之首。元代时，又将其称为『六桥烟柳』，被列入钱塘十景，现在风景也是美不胜收。
杨公堤	杨孟瑛	清朝雍正年间，湖西又开始淤塞，杨公堤也岌岌可危。乾隆年间，因湖西消失，杨公堤也被废。抗战胜利后，国民政府曾以杨公堤为基础修筑道路。新中国成立后，杭州市政府再修此路，并定名为西山路。

问题又来了——这些淤泥怎么办？苏轼又想办法，用这些淤泥在西湖上筑起了一道长堤，堤上建桥，堤岸植柳，这不仅解决了淤泥问题，还为西湖增添了一道风景。这才有了苏轼笔下“淡妆浓抹总相宜”的美丽西湖。

三、还湖于民的杨孟瑛

定都杭州的那帮南宋人，整日享受西湖美景，“暖风熏得游人醉，直把杭州作汴州”，所以元朝以后，西湖被当成“红颜祸水”，受到了前所未有的冷遇，少有人管理，任其淤塞。哪个土豪有钱，想在西湖边上圈占块土地建个别墅，政府也是默许状态，可土豪霸占西湖却苦了百姓。而这一切，多亏了杨孟瑛才得以改变。

1503年，杭州新任太守杨孟瑛来到了西湖。那个在苏轼眼中不输于西施的西湖，此时却是湖中淤塞，湖面变小，岸边建满了富豪的别墅，再无清丽之貌。杨孟瑛很心痛，立刻上奏朝廷，请求疏浚西湖，还湖于民。朝廷一准奏，杨孟瑛就贴出告示，给出对湖边违章建筑的拆迁方案，然后以风一样速度治理西湖。152天后，3500亩违法田地被清除，岸边富豪也已搬迁，西湖终于恢复了往日景象，重新回到了杭州百姓的怀抱。杨孟瑛因为得罪了不少富豪而被调走，但在西湖历史上，他却留下了浓重的一笔。

小贴士：

治湖三能手筑的堤还在吗？

治湖三能手在治理西湖的过程中都在西湖筑堤，这些堤现在还在吗？

名称	建造者	如今状况
白堤	白居易	现在西湖上还有“白堤”，但这条白堤在白居易来杭州之前就已存在。白居易建的白堤后来已经消失不见，但人们为了纪念白居易，便将这条堤称为“白堤”。
苏堤	苏轼	苏堤因质量高风景好，一直是西湖盛景。南宋时，“苏堤春晓”被评为“西湖十景”之首，元代时，又将其称为“六桥烟柳”，被列入钱塘十景，现在风景也是美不胜收。
杨公堤	杨孟瑛	清朝雍正年间，湖西又开始淤塞，杨公堤也岌岌可危。乾隆年间，因湖面消失，杨公堤也被废。抗战胜利后，国民政府曾以杨公堤为基础修筑道路。新中国成立后，杭州市政府再修此路，并定名为西山路。

杭州的一场『馒头战』

一八六一年，太平天国的忠王李秀成率兵第二次攻打杭州，由于驻守的清兵拒绝开城迎战，李秀成只好下令『环植木栅，实土为坚壁』，转眼便围城两个月。

当时的杭州城兵多粮少，驻守的八旗兵们吃空了城里的粮食，甚至把药铺的药材、水草浮萍和旧牛皮箱等都煮来果腹。

出自《庄子·逍遥游》，常写作裹腹，实为错

城头上的清兵一个个饿得面黄肌瘦，靠着城墙直喘气，再看看城下的太平军吃得油光满面，生龙活虎地操练，不知道多嫉妒。某日，李秀成巡营经过凤山门附近时，被兵营里传来的阵阵香味吸引。原来伙房正在蒸葱花肉馒头，伙头兵哪晓得这个年轻的大官是谁，热情地邀请李秀成一起吃馒头。李秀成灵机一动，抓了两个馒头就跑去召集部下，准备打一场特殊的『馒头战』。李秀成命令弓箭手们拔下箭头，每支箭杆上穿两个馒头，万箭齐发，射到杭州城里去。

起初，城头上的清兵匆忙找掩体躲避，后来有人发现箭上的馒头，拔下来才发现竟然没有箭头。一个清兵被太平军的仁义打动，嚷道：『太平军给我们送馒头，还拔了箭头怕伤到我们。我们反了吧！』没想到一呼百应，凤山门开了之后，附近的清波门、候潮门守将也相继开城投降，李秀成兵不血刃就拿下了杭州城。兵法云：上兵伐谋。靠馒头能打赢攻城战，李秀成的谋略真的不能小觑。

杭州的一场“馒头战”

1861年，太平天国的忠王李秀成率兵第二次攻打杭州，由于驻守的清兵拒绝开城迎战，李秀成只好下令“环植木栅，实土为坚壁”，转眼便围城两个月。

当时的杭州城兵多粮少，驻守的八旗兵们吃空了城里的粮食，甚至把药铺的药材、水草浮萍和旧牛皮箱等都煮来果腹。城头上的清兵一个个饿得面黄肌瘦，靠着城墙直喘气，再看看城下的太平军吃得油光满面、生龙活虎地操练，不知道多嫉妒。某日，李秀成巡营经过凤山门附近时，被兵营里传来的阵阵香味吸引。原来伙房正在蒸葱花肉馒头，伙头兵哪晓得这个年轻的大官是谁，热情地邀请李秀成一起吃馒头。李秀成灵机一动，抓了两个馒头就跑去召集部下，准备打一场特殊的“馒头战”。

李秀成命令弓箭手们拔下箭头，每支箭杆上穿两个馒头，万箭齐发，射到杭州城里去。起初，城头上的清兵匆忙找掩体躲避，后来有人发现箭上的馒头，拔下来才发现竟然没有箭头。一个清兵被太平军的仁义打动，嚷道：“太平军给我们送馒头，还拔了箭头怕伤到我们。我们反了吧！”没想到一呼百应，凤山门开了之后，附近的清波门、候潮门守将也相继开城投降，李秀成兵不血刃就拿下了杭州城。

兵法云：上兵伐谋。靠馒头能打赢攻城战，李秀成的谋略真的不能小觑。

小贴士：

馒头山

馒头山是南宋皇城遗址凤凰山脚的一座小山，因“馒头战”而得名，现在是杭州国家基准气候站所在地。

代表房地产权益的老余杭墙界石
杭州城里的墙界石，无疑是当地最接地气的特色景物，一块块镶在屋墙里的大石碑清楚地表明了各家的房屋界限，无疑体现了老杭州人超前的房产意识。抚摸着这些墙界石，当地人更是将其由来说成了奇闻逸闻。
胡慶餘典墻外界址
胡庆余堂界石
河坊街二四六号与二四二号两家的墙界石最为标准，花岗岩的石碑上方刻着『魏金』，中间刻着『两姓公墙界』，最下端两侧还有『七寸半』的字样，量一量整个墙的厚度恰好是十五寸。据说老魏家和老金家两家的墙最开始相隔两丈多，后来不停加盖扩张院墙，直到墙挨着墙还打了一架，最后由当地尊老协商，建了这大厚墙，中间立有界碑标注清楚。
胡庆余堂的墙界石最显气派。胡庆余堂财大气粗，有一排房子，据说当年就是担心会因为建房土地产生分歧，所以在南北两侧墙角立了『胡庆余堂界石』，意思就是：在碑之间，他人没份儿。
立石为界，是旧时百姓为了保护自己土地所用的方法。
风雅堂连面墙都没混到。安庆堂旁立的界石上写着『安庆堂姚界』，意思就是整面墙都是安庆堂姚家的，邻居风雅堂是借墙起屋，可想而知，如果安庆堂要拆屋重建，对风雅堂的影响完全不用理赔，只是不知道风雅堂『借』了这么多年的墙，用不用向安庆堂缴纳租金。有人说『以前墙有界，心没界』，现在住高楼没有墙界石，但人与人之间却多了『界石』。所以杭州政府在改建老城区的时候，明文规定『保护墙界石』，是希望人们在这些界石上看到『远亲不如近邻』的昨日风光。
二姓公墙

代表房地产权益的老余杭墙界石

杭州城里的墙界石，无疑是当地最接地气的特色景物，一块块镶在屋墙里的大石碑清楚地表明了各家的房屋界限，无疑体现了老杭州人超前的房产意识。抚摸着这些墙界石，当地人更是将其由来说成了奇闻逸闻。

河坊街246号与242号两家的墙界石最为标准，花岗岩的石碑上方刻着“魏金”，中间刻着“两姓公墙界”，最下端两侧还有“七寸半”的字样，量一量整个墙的厚度恰好是十五寸。据说老魏家和老金家两家的墙最开始相隔两丈多，后来不停加盖扩张院墙，直到墙挨着墙了还打了一架，最后由当地尊老协商，建了这大厚墙，中间立有界碑标注清楚。

胡庆余堂的墙界石最显气派。胡庆余堂财大气粗，有一排房子，据说当年就是担心会因为建房土地产生分歧，所以在南北两侧墙角立了“胡庆余堂界石”，意思就是：石碑之间，他人没份儿。

风雅堂连面墙都没混到。安庆堂旁立的界石上写着“安庆堂姚界”，意思就是整面墙都是安庆堂姚家的，邻居风雅堂是借墙起屋。可想而知，如果安庆堂要拆屋重建，对风雅堂的影响完全不用理赔，只是不知道风雅堂“借”了这么多年的墙，用不用向安庆堂缴纳租金。

有人说“以前墙有界，心没界”，现在住高楼没有墙界石，但人与人之间却多了“界石”。所以杭州政府在改建老城区的时候，明文规定“保护墙界石”，是希望人们在这些界石上看到“远亲不如近邻”的昨日风光。

小贴士：

安徽桐城六尺巷

康熙年间，张吴两家因建房抢地闹起纠纷，后来大学士张英写信给族人：“一纸信来只为墙，让他三尺又何妨。长城万里今犹在，不见当年秦始皇。”张氏让地三尺，吴家看信后惭愧感动，也让地三尺，于是有了“六尺巷”，两家成为世交。

天下第一名社：西泠印社

历任社长	吴昌硕	马衡	张宗祥	沙孟海	赵朴初	启功	饶宗颐
主要成就及地位	清末海派画家的杰出代表，享誉艺术世界的大师	故宫博物院院长	中国美术家协会浙江分会副主席	中国书法家协会副主席	全国政协副主席	中央文史研究馆馆长	南京大学荣学校名誉教授

西湖的景色，西溪的生态，西泠的印学，『杭州三西』早已在中外久负盛名。其中西泠印社既然以『印章』闻名天下，更有『清声听东浙，印学话西泠』的称号，那就不得不提社内为印章大师李叔同所设立的『印藏』。

一九〇四年，三十四岁的李叔同加入西泠印社，本身就出自津门著名篆刻大师唐静岩先生门下，自己又多年倾心于金石篆刻，所以在『高手云集』的西泠印社里，李叔同的印学地位依然很高。

然而时隔五年，三十九岁的李叔同在杭州虎跑寺开悟，皈依佛门，法号弘一。临出家之前，他将自己平生所刻以及私藏的九十三枚珍贵印章送给了『西泠印社』。据说当时李叔同曾有意『将最好的印章留在最能懂得它们、最能珍惜它们的地方』。印社创始人之一叶为铭感其情怀，经社内成员的一致同意，在山麓的鸿雪径石壁上凿洞，将李叔同的印章收藏在其中，并用山石封固，在上面题了『印藏』两字篆书。其意义为：古时，文人惜书『入墓』，武者剑断『立冢』，帝王归天『建陵』……印，也是刻印者的灵魂，应当为其『封藏』。就这样，李叔同九十三个印章被西泠印社特殊安置，成印学界一大美谈。

其实西泠印社中『诗书画印』俱全，百年来傲立在西湖畔，每一位社员放在全国乃至世界的艺术领域都非常有名气，但他们在这里都会谦虚而骄傲地以『西泠人』自居。所以，很多人说这里收藏的不仅是艺术，更是艺术家的精神。

特别标注

líng 泠

西泠印社印章

天下第一名社：西泠印社

西湖的景色，西溪的生态，西泠的印学，“杭州三西”早已在中外久负盛名。其中西泠印社既然以“印章”闻名天下，更有“涛声听东渐，印学话西泠”的称号，那就不得不提社内为印章大师李叔同所设立的“印藏”。

1914年，34岁的李叔同加入西泠印社，本身就出自津门著名篆刻大师唐静岩先生门下，自己又多年倾心于金石篆刻，所以在“高手云集”的西泠印社里，李叔同的印学地位依然很高。

然而时隔五年，39岁的李叔同在杭州虎跑寺开悟，皈依佛门，法号弘一。临出家之前，他将自己平生所刻以及私藏的93枚珍贵印章送给了“西泠印社”，据说当时李叔同曾有意“将最好的印章留在最能懂得它们，最能珍惜它们的地方”。印社创始人之一叶为铭感其情怀，经社内成员的一致同意，在山麓的鸿雪径石壁上凿洞，将李叔同的印章收藏在其中，并用山石封固，在上面题了“印藏”两字篆书。其意义为：古时，文人惜书“入墓”，武者剑断“立冢”，帝王归天“建陵”……印，也是刻印者的灵魂，应当为其“封藏”。就这样，李叔同93个印章被西泠印社特殊安置，成为印学界一大美谈。

其实西泠印社中“诗书画印”俱全，百年来傲立在西湖畔，每一位社员放在全国乃至世界的艺术领域都非常有名气，但他们在这里都会谦虚而骄傲地以“西泠人”自居。所以，很多人说这里收藏的不仅是艺术，更是艺术家的精神。

小贴士：

西泠印社历任社长

历任社长	主要成就及地位
吴昌硕	清末海派画家的杰出代表，享誉世界的艺术大师
马衡	故宫博物院院长
张宗祥	中国美术家协会浙江分会副主席
沙孟海	中国书法家协会副主席
赵朴初	全国政协副主席
启功	中央文史研究馆馆长
饶宗颐	南京大学等学校名誉教授

『东方剑桥』浙江大学

一八九四年甲午战争爆发，以失败告终的清廷上层并没有进行太多反思。这年，为庆祝慈禧太后六十大寿，清廷竟挪用建海军的经费去建造颐和园。官员林启十分气愤，上书谴责，最终结果却是被下放到杭州任知府。早就认识到近代教育重要性的林启到杭州后，创立了『求是书院』，这就是后来的浙江大学。这期间，章炳麟、陈独秀、夏元瑮等大批杰出人物涌现，求是书院也被称为『浙江革命思想重要源泉之一』。

一九二八年，『浙江大学』名号正式确立。刚发展不到十年，就遇到了日军威胁。浙大只好一路西迁。

但就是在这段异常艰难的日子里，浙大却迎来了最辉煌时期。

当时竺可桢担任校长，始终不忘书院『求是』的理念，用各种办法选聘优秀教授，同时创造一种自由、民主的气氛，让学术摆脱束缚，达到自由程度最大化。一九四四年十月，当著名汉学家李约瑟参观完处在偏僻山村，师生面对经费拮据、物资匮乏、空袭不断、疾病困扰等重重困难仍坚持进行教学教研的浙江大学后，毫不吝啬地给出了『东方剑桥』的评价。要知道，同样处在德国飞机整天轰炸之下的剑桥大学，未必有浙大那样不怕艰苦、拼命钻研的精神和辉煌的成绩。

一九四五年抗日战争胜利，学校也在一年后迁回杭州。这时，来自浙大的，苏步青的微分几何、陈建功的三角级数、王淦昌的中微子研究等系列研究，已经在国际上引起巨大反响。浙大已走出杭州，走出浙江，走出了国门，更走向了世界，成为中国一流大学。而浙江大学却依然低调地回归杭州，继续为杭州、为浙江，也为全国培养大批建设人才。

竺可桢与李约瑟

小贴士：浙江大学的『兄弟』

除了浙江大学前身求是书院，林启还在杭州建了两所学校。让我们看看这三个『兄弟』吧！

时间	学校	现状
1897年	求是书院	浙江大学
1897年	蚕学馆	浙江理工大学
1899年	养正书塾	杭州高级中学和杭州四中

“东方剑桥”浙江大学

1894年甲午战争爆发，以失败告终的清廷上层并没有进行太多反思。这年，为庆祝慈禧太后六十大寿，清廷竟挪用建海军的经费去建造颐和园。官员林启十分气愤，上书谴责，最终结果却是被下放到杭州任知府。早就认识到近代教育重要性的林启到杭州后，创立了“求是书院”，这就是后来的浙江大学。这期间，章炳麟、陈独秀、夏元瑮等大批杰出人物涌现，求是书院也被称为“浙江革命思想重要源泉之一”。

1928年，“浙江大学”名号正式确立，刚发展不到十年，就遇到了日军威胁，浙大只好一路西迁。但就是在这段异常艰难的日子里，浙大却迎来了最辉煌时期。

当时竺可桢担任校长，始终不忘书院“求是”的理念，用各种办法选聘优秀教授，同时创造一种自由、民主的气氛，让学术摆脱束缚，达到自由程度最大化。1944年10月，当著名汉学家李约瑟参观完处在偏僻山村，师生面对经费拮据、物资匮乏、空袭不断、疾病困扰等重重困难仍坚持进行教学教研的浙江大学后，毫不吝啬地给出了“东方剑桥”的评价。要知道，同样处在德国飞机整天轰炸之下的剑桥大学，未必有浙大那样不怕艰苦、拼命钻研的精神和辉煌的成绩。

1945年抗日战争胜利，学校也在一年后迁回杭州。这时，来自浙大的苏步青的微分几何、陈建功的三角级数、王淦昌的中微子研究等系列研究，已经在国际上引起巨大反响。浙大已走出杭州，走出浙江，走出了国门，更走向了世界，成为中国一流大学。而浙江大学却低调地回归杭州，继续为杭州、为浙江，也为全国培养大批建设人才。

小贴士：

浙江大学的“兄弟”

除了浙江大学前身求是书院，林启还在杭州建了两所学校。让我们看看这三个“兄弟”吧！

时间	学校	现状
1897年	求是书院	浙江大学
1897年	蚕学馆	浙江理工大学
1899年	养正书塾	杭州高级中学和杭州第四中学

笕桥：空中英雄的活跃场

二〇〇〇年十二月二十九日，笕桥机场正式转场关闭，这座曾见证过中国空军对日军首次空战胜利的机场终于完成了它的使命。这里曾燃起过日军飞机坠毁后的硝烟，也点燃了中国军人抗日的热情。这里是笕桥机场。

笕桥，最初以『杭州的菜篮子』著称。这里出产的蔬菜，在南宋时直供皇宫食用。不只蔬菜，笕桥附近也出产中药，其中最有名的十八味中药号称『笕十八』，是出口免检产品。但使笕桥名扬天下的却是那次有名的『笕桥空战』。『笕桥空战』是一场戏剧性的战役。说它戏剧，是因为它的开头和结尾都出乎中日双方预料。一九三七年八月十三日，淞沪会战爆发。中国军队罕见地先发制人，派出笕桥的空军中队轰炸了日军设在上海大公纱厂内的军械库。日军将领长谷川清气得派出九架『九六式』日本轰炸机对笕桥机场进行报复性轰炸。结果在中国空军英雄高志航的带领下，日军被击落四架飞机，铩羽而归，而中国军队零伤亡，日军鹿屋航空队司令石井义大佐因此剖腹谢罪。这是中国对日空战的首次完胜。

在笕桥机场留下活跃身姿的不止高志航。早在一九三二年，笕桥上空就发生过『二二六』空战。顽强抵抗日军的飞行员石邦藩失去了左臂，被人称为『断臂飞将军』。那些为笕桥、为杭州奋战过的飞行员牺牲后，都被葬在笕桥机场西北面的鸡笼山上名为『枕戈兵室』的公墓里。

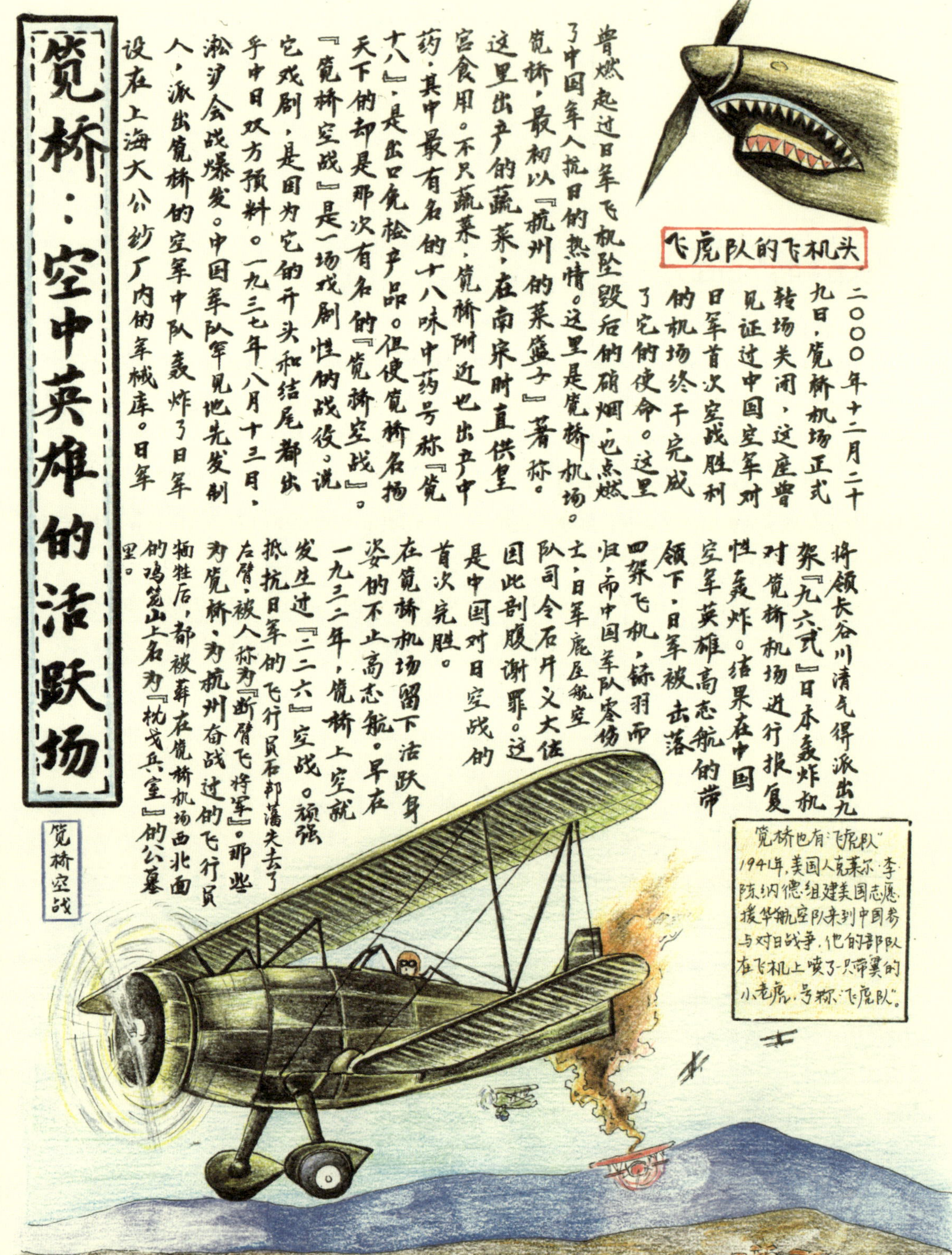

飞虎队的飞机头

笕桥空战

笕桥也有"飞虎队"

1941年，美国人克莱尔·李陈纳德组建美国志愿援华航空队来到中国参与对日战争，他的部队在飞机上喷了一只带翼的小老虎，号称"飞虎队"。

笕桥：空中英雄的活跃场

2000年12月29日，笕桥机场正式转场关闭，这座曾见证过中国空军对日军首次空战胜利的机场终于完成了它的使命。这里曾燃起过日军飞机坠毁后的硝烟，也点燃了中国军人抗日的热情。这里是笕桥机场。

笕桥，最初以“杭州的菜篮子”著称。这里出产的蔬菜，在南宋时直供皇宫食用。不只蔬菜，笕桥附近也出产中药，其中最有名的十八味中药号称“笕十八”，是出口免检产品。但使笕桥名扬天下的却是那次有名的“笕桥空战”。

“笕桥空战”是一场戏剧性的战役。说它戏剧，是因为它的开头和结尾都出乎中日双方预料。1937年8月13日，淞沪会战爆发。中国军队罕见地先发制人，派出笕桥的空军中队轰炸了日军设在上海大公纱厂内的军械库。日军将领长谷川清气得派出9架“96式”日本轰炸机对笕桥机场进行报复性轰炸。结果在中国空军英雄高志航的带领下，日军被击落4架飞机，铩羽而归，而中国军队零伤亡，日军鹿屋航空队司令石井义大佐因此剖腹谢罪。这是中国对日空战的首次完胜。

在笕桥机场留下活跃身姿的不止高志航。早在1932年，笕桥上空就发生过“二二六”空战。顽强抵抗日军的飞行员石邦藩失去了左臂，被人称为“断臂飞将军”。那些为笕桥、为杭州奋战过的飞行员牺牲后，都被葬在笕桥机场西北面的鸡笼山上名为“枕戈兵室”的公墓里。

小贴士：

笕桥也有“飞虎队”

1941年，美国人克莱尔·李·陈纳德组建美国志愿援华航空队来到中国参与对日战争，他的部队在飞机上喷了一只带翼的小老虎，机身形如鲨鱼，号称“飞虎队”。

自备炸药包的钱塘江大桥

钱塘江上游有山洪，下游有大潮，遇上台风，江面波涛汹涌，出了名的凶险。当年秦始皇想去绍兴，看到这场面，愣是绕道而行。当地百姓曾经把不可能做到的事比喻成『钱塘江上造桥』。但近代茅以升迎难而上，历时三年，终于在一九三七年九月二十六日，建成钱塘江大桥。它不仅是中国自行设计、建造的第一座双层铁路、公路两用现代化桥梁，还是世界上唯一一个在建桥时桥上就埋下炸药的大桥，并在通车八十九天后，被它的建造者亲手炸毁。这么难建的大桥为什么要炸毁呢？

一九三七年七月七日，正在建桥的茅以升听到日军进攻北平的消息后产生了不祥的预感，默默地在桥墩上留出一个洞。一个月后，淞沪抗战爆发，钱塘江大桥也在这期间建成。茅以升极其希望上海能打赢，但事与愿违。上海沦陷后，杭州也朝不保夕。

十一月十六日，茅以升接到命令：如果杭州不保，就炸毁钱塘江大桥。怀着沉痛的心情，茅以升标出钱塘江大桥所有致命点，引一百多根引线，在那个大洞中放入大量炸药。十二月二十三日，杭州城中日军已经隐约可见，茅以升在接到炸桥的命令后，怀着像亲手掐死自己刚出生的孩子一样的悲痛之情，点燃所有引线，将通车才八十九天的大桥炸毁。然而就是在这八十九天里，杭州城内数万吨物资、上百万军民借着钱塘江大桥安全撤离。杭州成为沦陷城市里被害居民最少的一个城市。

茅以升在炸桥后曾写下『抗战必胜，此桥必复』八个字。一九四五年日本侵略者投降后，茅以升旋即带人修复钱塘江大桥。

而今，这座原设计年限五十年的大桥，历经七十多年风雨岿然不动，被网民亲切地称为『桥坚强』。这座历经风雨的钱塘江大桥，给予了杭州人稳稳的安全感。

茅以升含泪炸毁钱塘江大桥

自备炸药包的钱塘江大桥

钱塘江上游有山洪、下游有大潮，遇上台风，江面波涛汹涌，出了名的凶险。当年秦始皇想去绍兴，看到这场面，愣是绕道而行。当地百姓曾经把不可能做到的事比喻成“钱塘江上造桥”。但近代茅以升迎难而上，历时三年，终于在1937年9月26日，建成钱塘江大桥。它不仅是中国自行设计、建造的第一座双层铁路、公路两用现代化桥梁，还是世界上唯一一个在建桥时桥上就埋下炸药的大桥，并在通车89天后，被它的建造者亲手炸毁。这么难建的大桥为什么要炸毁呢?

1937年7月7日，正在建桥的茅以升听到日军进攻北平的消息后产生了不祥的预感，默默地在桥墩上留出一个洞。一个月后，淞沪抗战爆发，钱塘江大桥也在这期间建成。茅以升极其希望上海能打赢，但事与愿违。上海沦陷后，杭州也朝不保夕。11月16日，茅以升接到命令：如果杭州不保，就炸毁钱塘江大桥。怀着沉痛的心情，茅以升标出钱塘江大桥所有致命点，引100多根引线，在那个大洞中放入大量炸药。12月23日，杭州城中日军已经隐约可见，茅以升在接到炸桥的命令后，怀着像亲手掐死自己刚出生的孩子一样的悲痛之情，点燃所有引线，将通车才89天的大桥炸毁。然而就是在这89天里，杭州城内数万吨物资、上百万军民借着钱塘江大桥安全撤离。杭州成为沦陷城市里被害居民最少的一个城市。

茅以升在炸桥后曾写下“抗战必胜，此桥必复”八个字。1945年日本侵略者投降后，茅以升旋即带人修复钱塘江大桥。而今，这座原设计年限50年的大桥，历经70多年风雨岿然不动，被网民亲切地称为“桥坚强”。这座历经风雨的钱塘江大桥，给予了杭州人稳稳的安全感。

小贴士：

幸免遇难的“桥坚强”

1949年5月杭州解放前夕，为阻止解放军南下，国民党也曾妄图炸毁钱塘江大桥。不过杭州地下党和铁路工人偷偷将炸药量大幅削减，并将关键位置的炸药引信切断，国民党在炸桥时，大桥主体并未受太大损坏。国民党想进行进一步破坏，可是解放军已迫近大桥，大桥最终回到人民手中。

杭州是阿里巴巴最好的选择

二〇一四年『双十二』，在无数买家的努力下，淘宝和天猫一天的交易额合计达五百七十一亿，正好是杭州区号（〇五七一），很多人将此认为是阿里巴巴与杭州的缘分。一说中国经济发达地区，必言『北上广』，他们不光经济发达，还拥有中国最先进的技术，最顶尖的人才和最前卫的眼光。但为什么阿里巴巴却偏偏在杭州实现梦想呢？

一九九六年马云跑到北京四处宣传他的『信息高速公路』，大家对看不见摸不着的东西觉得十分不靠谱，于是赠与马云无数白眼。一九九九年，阿里巴巴起步后，马云将国内总部又搬到上海，但在以大企业、外企为主的摩登上海，以服务中小企业为主的阿里巴巴并没有多少客户。然后马云回到了家乡杭州，竟然如鱼得水。江浙一带是上海的大后方，拥有很多中小型加工和制造企业，是整个长三角地区加工制造能力最强的地区。他们非常需要节省销售成本，而阿里巴巴最擅长的就是这一项，所以阿里到杭州后，和他们一拍即合。同时，杭州作为省会，城市建设并不输于其他一线城市，又因为它发达的经济和地处长三角地带的优势，杭州的民间融资十分活跃，让阿里有发展的资本。它因为悠久的历史，文化底蕴十足，无形中有一种沉稳的气息。在这座偏休闲的城市，生活节奏没有北上广那么快，生活成本也没有那么高，而且风景绝佳，没事喝喝茶，看看西湖，闲适的生活让不少人才来了就再也不想走。

淘宝网
Taobao.com
天猫
马云与淘宝网
阿里巴巴®

杭州是阿里巴巴最好的选择

2014年“双十一”，在无数买家的努力下，淘宝和天猫一天的交易额合计达571亿，正好是杭州区号（0571），很多人将此认为是阿里巴巴与杭州的缘分。一说中国经济发达地区，必言“北上广”，他们不光经济发达，还拥有中国最先进的技术、最顶尖的人才和最前卫的眼光。但为什么阿里巴巴却偏偏在杭州实现梦想呢?

1996年马云跑到北京四处宣传他的“信息高速公路”，大家对看不见摸不着的东西觉得十分不靠谱，于是赠与马云无数白眼。1999年，阿里巴巴起步后，马云将国内总部又搬到了上海，但在以大企业、外企为主的摩登上海，以服务中小企业为主的阿里巴巴并没有多少客户。然后马云回到了家乡杭州，竟然如鱼得水。江浙一带是上海的大后方，拥有很多中小型加工和制造企业，是整个长三角地区加工制造能力最强的地区。他们非常需要节省销售成本，而阿里巴巴最擅长的就是这一项，所以阿里到杭州后，和他们一拍即合。

同时，杭州作为省会，城市建设并不输于其他一线城市，又因为它发达的经济和地处长三角地带的优势，杭州的民间融资十分活跃，让阿里有发展的资本。它因为悠久的历史，文化底蕴十足，无形中有一种沉稳的气息。在这座偏休闲的城市，生活节奏没有北上广那么快，生活成本也没有那么高，而且风景绝佳，没事喝喝茶，看看西湖，闲适的生活让不少人才来了就再也不想走。

除此之外，杭州政府也很给力。马云曾说：“假如在北京或是上海，我们就是500个‘孩子’中的一个，不大能受到‘照顾’，但是在杭州，我们是唯一的‘孩子’，可以受到更多的重视。”杭州政府不光正面照顾这个“孩子”，还从侧面照顾。他们没有对中小企业做过多干涉，而是努力做好相关服务，充分放权给企业，为当地中小企业的发展创造宽松环境。中小企业发展了，阿里的客户也就增多了。

自从落户杭州，阿里巴巴就日夜不停地飞速生长，这期间，无数商家拥有了更便利的销售平台，万千家庭拥有了便利的购物渠道，阿里巴巴在美国成功上市，马云成为了中国首富。但这背后，都有杭州的一份功劳。或许正因此，马云不断强调：“杭州永远是阿里巴巴(中国)的总部！”

第二章
杭州风俗

老杭州婚俗里的南宋遗风

结婚在老杭州的民间可是一件『麻烦事儿』，其原因在于，当地一直沿袭着南宋时期的婚嫁习俗，很多流程古意盎然又细致入微。当然，老习俗也给了神圣的婚姻一种特别的意义。

说媒。古代媒人多为女性，又称媒婆或大妗姐，『媒妁之言』四个字可知其地位。杭州管说媒叫作『穿婚』，媒婆说好后双方定日子相亲。杭州相亲可是『女挑男』，女方满意就往头发里插一枚金钗，叫作『插钗』，不满意就回赠两匹彩缎，叫作『压惊』。

订婚。当地称『缔姻』或『传红』，厅上供奉和合二仙，亲友吃酒席。

下聘。男方下聘当地称『纳征』，当然女方也得有回礼，叫作『回盘』。

发奁。婚期前一日，新娘把嫁妆按固定格式在自家陈列，嫁妆里必有子孙桶，桶里有一包红蛋和一包喜果。

迎娶。旧时以花轿迎娶，前一夜花轿要摆在男方家中，通宵喜烛不灭，称为『亮轿』。正日子花轿到了新娘家门前，新娘辞别家人后，需一人执喜烛，一人拿着红灯笼将新娘引入花轿才可。

三朝回郎。婚后第二天，新娘亲戚到新郎家吃『新亲上门酒』，称『一回郎』；三天后，新郎陪新娘回娘家拜岳父岳母，称『三回郎』；旧时回娘家后新娘至少住七天，再别娘家，新娘家会给新郎一些金银，委托新郎善待新娘，称『三回郎』。

引喜娘入花轿

老杭州婚俗里的南宋遗风

结婚在老杭州的民间可是一件“麻烦事儿”，其原因在于，当地一直沿袭着南宋时期的婚嫁习俗，很多流程古意盎然又细致入微。当然，老习俗也给了神圣的婚姻一种特别的意义。

说媒。杭州管说媒叫作“穿婚”，媒婆说好后双方定日子相亲。杭州相亲可是“女挑男”，女方满意就往头发里插一枚金钗，叫作“插钗”；不满意就回赠两匹彩缎，叫作“压惊”。

订婚。当地称“缔姻”或“传红”，厅上供奉和合二仙，亲友吃酒席。

下聘。男方下聘当地称“纳征”，当然女方也得有回礼，叫作“回盘”。

发奁。婚期前一日，新娘把嫁妆按固定格式在自家陈列，嫁妆里必有子孙桶，桶里有一包红蛋和一包喜果。

迎娶。旧时以花轿迎娶，前一夜花轿要摆在男方家中，通宵喜烛不灭，称为“亮轿”。正日子花轿到了新娘家门前，新娘辞别家人后，需一人执喜烛，一人拿着红灯笼将新娘引入花轿才可。

三朝回郎。婚后第二天，新娘亲戚到新郎家吃“新亲上门酒”，称“一回郎”；三天后，新郎陪新娘回娘家拜岳父岳母，称“二回郎”；旧时回娘家后新娘至少住七天，再别娘家，新娘家会给新郎一些金银，委托新郎善待新娘，称“三回郎”。

如今杭州婚礼越来越时尚了，也少了很多繁文缛节，但很多老杭州人感慨道：喜事还是高兴，婚礼还是热闹，就是感觉少了点什么。究竟少了点什么？谁也说不清楚。

小贴士：

杭州婚俗禁忌

老杭州婚嫁一定会请一个“圆话人”，“碎碎平安”“摔破摔旧不摔新”等话语要在婚嫁过程中时刻准备，而且不能重复。

『茶都』的多种茶俗

西湖龙井	洞庭碧螺春	黄山毛峰	都匀毛尖	六安瓜片
君山银针	信阳毛尖	武夷岩茶	安溪铁观音	祁门红茶

『丝绸』和『茶叶』是杭州的两张城市名片，如果研究中国茶文化，杭州绝对是首要选择地。杭州的茶俗涉及了婚姻嫁娶、生老病死、长寿养生、文学作品等各个领域，本篇叙述的只是皮毛而已。

在婚姻嫁娶中，男方要送上新茶和茶果作为聘礼之一，称为『下茶』，女方若『吃了茶』，就表示婚事成了。

新娘准备的嫁妆里要有一个八角式的锡制茶瓶，里面装满好茶，带到婆家。

举行婚礼的时候，一对新人要喝『交杯茶』，与亲朋好友喝『认亲茶』，敬长辈喝『谢恩茶』……同是饮茶，各种名目数不胜数。

茶文化贯穿杭州人的生老病死。婴儿出生时，亲人习惯用茶水给孩子洗眼、洗澡，据说有『消灾、免病、易养成人』之说。到了临终时，家人则在死者口中放一片茶叶，据说是为了『魂不迷关，体不发腐』。这些习俗寄托了人们对亲人的美好祝愿，而茶叶就是载体。

杭州作为『茶都』大概要从南宋开始，陆游就写过『矮纸斜行闲作草，晴窗细乳戏分茶』，将杭州饮茶风俗描写得活灵活现。后来到径山求学的日本高僧圆尔辨圆和南浦绍明等人将径山茶带回了日本，促进了日本茶道的兴起。西湖龙井则把杭州茶文化推到了顶峰，二〇一一年，『西湖水、龙井茶』被一起载入了世界非物质文化遗产名录。

茶叶洗澡

西湖龙井

洞庭碧螺春

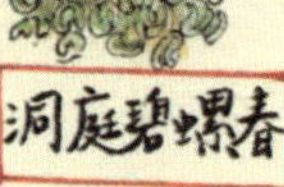

君山银叶

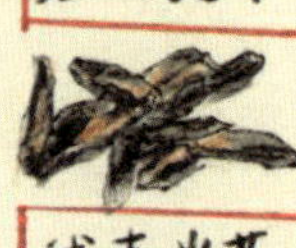

武夷岩茶

“茶都”的多种茶俗

“丝绸”和“茶叶”是杭州的两张城市名片，如果研究中国茶文化，杭州绝对是首要选择地。杭州的茶俗涉及了婚姻嫁娶、生老病死、长寿养生、文学作品等各个领域，本篇叙述的只是皮毛而已。

在婚姻嫁娶中，男方要送上新茶和茶果作为聘礼之一，称为“下茶”，女方若“吃了茶”，就表示婚事成了。新娘准备的嫁妆里要有一个八角式的锡制茶瓶，里面装满好茶，带到婆家。举行婚礼的时候，一对新人要喝“交杯茶”，与亲朋好友喝“认亲茶”，敬长辈喝“谢恩茶”……同是饮茶，各种名目数不胜数。

茶文化贯穿杭州人的生老病死。婴儿出生时，亲人习惯用茶水给孩子洗眼、洗澡，据说有“消灾、免病，易养成人”之说。到了临终时，家人则在死者口中放一片茶叶，据说是为了“魂不迷关，体不发腐”。这些习俗寄托了人们对亲人的美好祝愿，而茶叶就是载体。

杭州作为“茶都”大概要从南宋开始。陆游就写过“矮纸斜行闲作草，晴窗细乳戏分茶”，将杭州饮茶风俗描写得活灵活现。后来到径山求学的日本高僧圆尔辨圆和南浦绍明等人将径山茶带回了日本，促进了日本茶道的兴起。西湖龙井则把杭州茶文化推到了顶峰，2011年，“西湖水、龙井茶”被一起载入了世界非物质文化遗产名录。

小贴士：

中国十大名茶

西湖龙井	洞庭碧螺春
黄山毛峰	都匀毛尖
六安瓜片	君山银针
信阳毛尖	武夷岩茶
安溪铁观音	祁门红茶

挨家挨户拜年的四个老头

习俗意义

禁午睡	不催人做事	蒸隔年饭	早餐甜点	取封门甘蔗
奉古训『禁昼寝』。这天午睡的人一年都会懒惰。	这一天每人自觉做事，若看不惯，不能催，否则一年都会被催促。	老人亲手将年夜饭蒸熟，带领晚辈吃一点，象征『连年有余，子孙相传』。	早餐吃汤圆、莲子羹等，寓意『一年甜到底』。	除夕以甘蔗封门，大年初一开门前全家吃，寓意「节节高」。

大年初一，新年伊始，正是挨家挨户拜年的重要日子。在老杭州有着这样一个习俗，就是在自家的门口玄关处放一本『门簿』，访客要在上面登记自己的名字和住址，而每家每户大年初一门簿上最开始，永远是那传说中的四个老头。第一位老头姓寿，名百龄，家住百岁坊巷。家中有老人求长寿，他的名字就会写在第一个，据说『门簿』习俗起于清代晚期，而这位老头的年龄早已不可考。

第二位老头姓富，名有余，家住元宝街。生意人喜欢将他写在第一个，当地人说他是财神赵公明游历人间留下的私生子，所以有了聚财的仙气。

第三位老头姓贵，名无极，家住大学士牌坊。家里有学子求登科，通常先把他写上，据说每年数数杭州有多少家庭的门簿上先写了他，就能大概算出那年高考生的数量是多少了。

第四位老头姓福，名照邻，家住五福楼。这个老头年龄最小，但颇受老百姓喜欢因为『门簿』习俗最开始只流行于大户人家，普通老百姓往往不求财、不奢寿、不慕名，只求平平安安，所以会把他摆在门簿的第一位。

初一白天拜年，晚上对照门簿看看有没有自己漏掉的亲友，也好在未来几天补上。对于每年都来的那四个老头，人们若在这一年心想事成，必然会在来年大年初一第一个去还愿。

门簿

拜年

挨家挨户拜年的四个老头

大年初一，新年伊始，正是挨家挨户拜年的重要日子。在老杭州有着这样一个习俗，就是在自家的门口玄关处放一本“门簿”，访客要在上面登记自己的名字和住址，而每家每户大年初一门簿上最开始，永远是那传说中的四个老头。

第一位老头姓寿，名百龄，家住百岁坊巷。家中有老人求长寿，他的名字就会写在第一个，据说“门簿”习俗起于清代晚期，而这位老头的年龄早已不可考。

第二位老头姓富，名有余，家住元宝街。生意人喜欢将他写在第一个，当地人说他是财神赵公明游历人间留下的私生子，所以有了聚财的仙气。

第三位老头姓贵，名无极，家住大学士牌坊。家里有学子求登科，通常先把他写上，据说每年数数杭州有多少家庭的门簿上先写了他，就能大概算出那年高考生的数量是多少了。

第四位老头姓福，名照邻，家住五福楼。这个老头年龄最小，但颇受老百姓喜欢，因为“门簿”习俗最开始只流行于大户人家，普通老百姓往往不求财、不奢寿、不慕名，只求平平安安，所以会把他摆在门簿的第一位。

初一白天拜年，晚上对照门簿看看有没有自己漏掉的亲友，也好在未来几天补上。对于每年都来的那四个老头，人们若在这一年心想事成，必然会在来年大年初一第一个去还愿。

小贴士：

杭州大年初一习俗小计

习俗	意义
取封门甘蔗	除夕以甘蔗封门，大年初一开门前全家吃，寓意“节节高”。
早餐甜食	早餐吃汤圆、莲子羹等，寓意“一年甜到底”。
蒸隔年饭	老人亲手将年夜饭蒸熟，带领晚辈吃一点，象征“连年有余，子孙相传”。
不催人做事	这一天每人自觉做事，若看不惯，不能催，否则一年都会被催促。
禁午睡	奉古训“禁昼寝”，这天午睡的人一年都会懒惰。

清明节—拜祭先祖

清明是中国传统节日里比较特殊而重要的节日，在这一天中国人会为先人扫墓拜祭。很多老杭州人在这一天还会保留一个比较特别的习俗：对着城外某个山峰深深一拜。据说『拜山』才是真正对杭州祖先的缅怀。

拜山活动的由来有两种传说，其一是钱塘江沿岸村落迁坟。杭州虽然自古坐拥西湖美景，但也饱受钱塘江潮水的侵害，古时候若逢连日暴雨和潮汛同时到来，靠近钱塘江的村庄必然受到牵连。遇到这种情况，活人可以及时搬走逃离，但坟墓却无法迁移，所以众多钱塘江岸边的村落决定，把先人的坟墓迁至杭州附近的山上以防潮水破坏。到了清明时节，登山祭祖也就成了约定俗成的规矩，后来随着时代变迁，坟墓渐渐消失，百姓就对着山拜祭。

其二是防止金兵入侵南宋破坏祖坟。南宋末期金兵打到了杭州，很多大户人家知道金兵抢夺财物特别凶，甚至抢了活人还要挖坟抢陪葬品。所以，怀着保护先人的思想，大户人家就将祖坟迁到山中藏匿，为了迷惑金兵，有钱人还会出资挑选穷人祖坟一起迁移到山上，而且都不立墓碑。因此每当清明节，很多人都会对着记忆中的山峰深深一拜，代表自己对祖先的敬意，慢慢也就成了习俗。其实，无论真正的原由是什么，中国人讲究『树有根，人有祖』，对祖先的敬意和缅怀在清明这一天是饱含真情实感的。

清明节习俗

小孩吃祭品

杭州人带着小孩祭拜时会让小孩挑一些祭品吃，意为"先人分给孩子"的食物，据说吃了这些祭品的孩子会得到先人的庇佑，小孩身体会更加健康。

清明节——拜祭先祖

清明是中国传统节日里比较特殊而重要的节日，在这一天中国人会为先人扫墓拜祭。很多老杭州人在这一天还会保留一个比较特别的习俗：对着城外某个山峰深深一拜。据说“拜山”才是真正对杭州祖先的缅怀。

拜山活动的由来有两种传说，其一是钱塘江沿岸村落迁坟。杭州虽然自古坐拥西湖美景，但也饱受钱塘江潮水的侵害，古时候若逢连日暴雨和潮汛同时到来，靠近钱塘江的村庄必然受到牵连。遇到这种情况，活人可以及时搬走逃离，但坟墓却无法迁移，所以众多钱塘江岸边的村落决定，把先人的坟墓迁至杭州附近的山上以防潮水破坏。到了清明时节，登山祭祖也就成了约定俗成的规矩，后来随着时代变迁，坟墓渐渐消失，百姓就对着山拜祭。

其二是防止金兵入侵南宋破坏祖坟。南宋末期金兵打到了杭州，很多大户人家知道金兵抢夺财物特别凶，甚至抢了活人还要挖坟抢陪葬品。所以，怀着保护先人的思想，大户人家就将祖坟迁到山中藏匿，为了迷惑金兵，有钱人还会出资挑选穷人祖坟一起迁移到山上，而且都不立墓碑。可谁想到，等到金兵走后，逃回的杭州百姓到山上却再难找回自家祖先的坟墓了。因此每当清明节，很多人都会对着记忆中的山峰深深一拜，代表自己对祖先的敬意，慢慢也就成了习俗。

其实，无论真正的原由是什么，中国人讲究“树有根，人有祖”，对祖先的敬意和缅怀在清明这一天是饱含真情实感的。

小贴士：

清明节习俗之小孩吃祭品

杭州大人带着孩子为先人祭拜时会带上祭品，祭拜完毕，会让小孩挑选一些祭品吃，意味着“先人分给孩子”的食物，据说吃了这些祭品就得到了先人的庇佑，小孩身体会更健康。

杭州端午节：大中午吃"五黄"

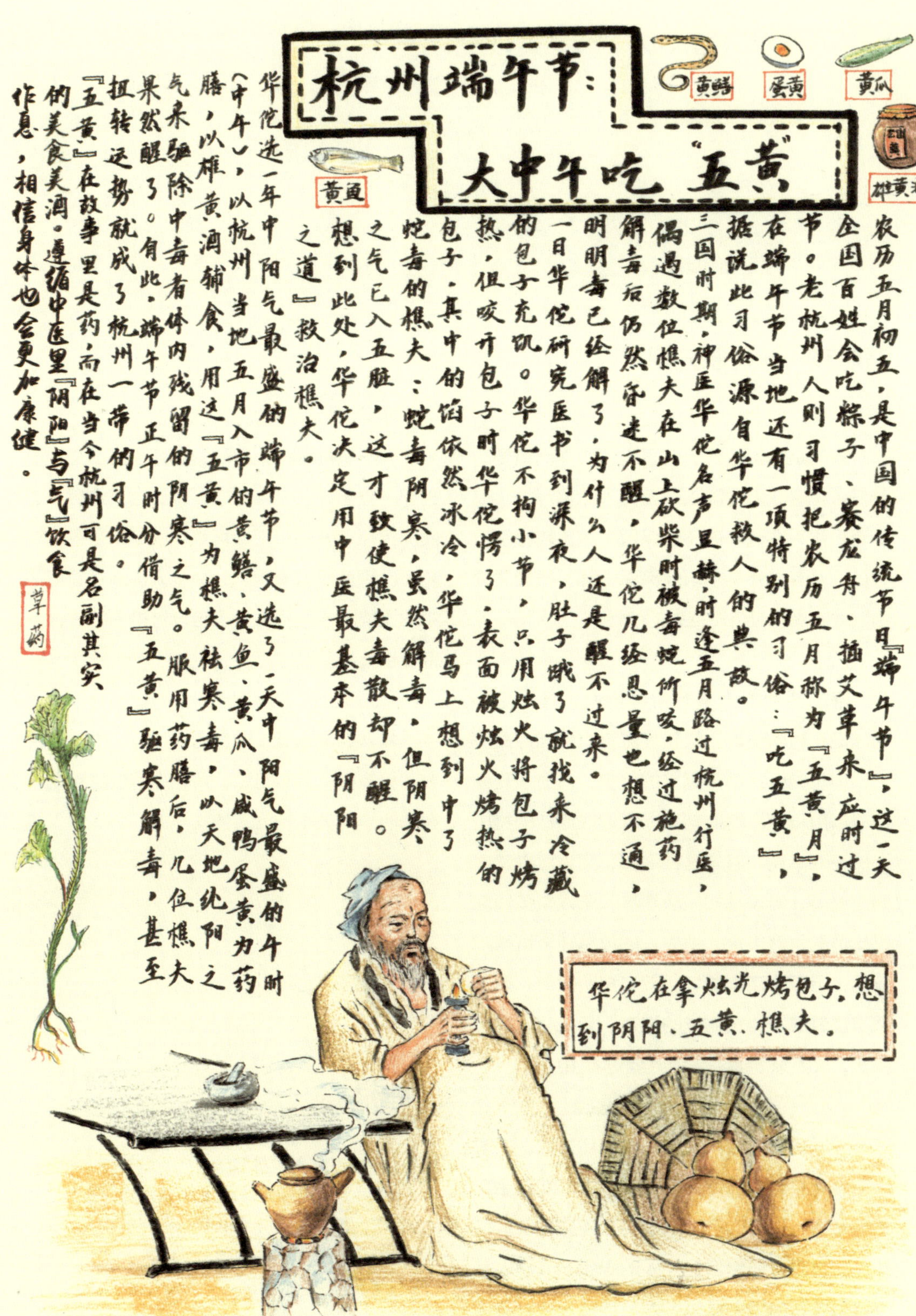

农历五月初五，是中国的传统节日『端午节』，这一天全国百姓会吃粽子、赛龙舟、插艾草来应时过节。老杭州人则习惯把农历五月称为『五黄月』，在端午节当地还有一项特别的习俗：『吃五黄』，据说此习俗源自华佗救人的典故。

三国时期，神医华佗名声显赫，时逢五月路过杭州行医，偶遇数位樵夫在山上砍柴时被毒蛇所咬，经过施药解毒后仍然昏迷不醒，华佗几经思量也想不通，明明毒已经解了，为什么人还是醒不过来。

一日华佗研究医书到深夜，肚子饿了就找来冷藏的包子充饥。华佗不拘小节，只用烛火将包子烤热，但咬开包子时华佗愣了，表面被烛火烤热的包子，其中的馅依然冰冷，华佗马上想到中了蛇毒的樵夫：蛇毒阴寒，虽然解毒，但阴寒之气已入五脏，这才致使樵夫毒散却不醒。想到此处，华佗决定用中医最基本的『阴阳之道』救治樵夫。

华佗选一年中阳气最盛的端午节，又选了一天中阳气最盛的午时（中午），以杭州当地五月入市的黄鳝、黄鱼、黄瓜、咸鸭蛋黄为药膳，以雄黄酒辅食，用这『五黄』为樵夫祛寒毒，以天地纯阳之气来驱除中毒者体内残留的阴寒之气。服用药膳后，几位樵夫果然醒了。自此，端午节正午时分借助『五黄』驱寒解毒，甚至扭转运势就成了杭州一带的习俗。

『五黄』在故事里是药，而在当今杭州可是名副其实的美食美酒。遵循中医里『阴阳』与『气』饮食作息，相信身体也会更加康健。

杭州端午节：大中午吃“五黄”

农历五月初五，是中国的传统节日“端午节”，这一天全国百姓会吃粽子、赛龙舟、插艾草来应时过节。老杭州人则习惯把农历五月称为“五黄月”，在端午节当地还有一项特别的习俗：“吃五黄”，据说此习俗源自华佗救人的典故。

三国时期，神医华佗名声显赫，时逢五月路过杭州行医，偶遇数位樵夫在山上砍柴时被毒蛇所咬，经过施药解毒后仍然昏迷不醒，华佗几经思量也想不通，明明毒已经解了，为什么人还是醒不过来。

一日华佗研究医书到深夜，肚子饿了就找来冷藏的包子充饥。华佗不拘小节，只用烛火将包子烤热，但咬开包子时华佗愣了，表面被烛火烤热的包子，其中的馅依然冰冷，华佗马上想到中了蛇毒的樵夫：蛇毒阴寒，虽然解毒，但阴寒之气已入五脏，这才致使樵夫毒散却不醒。想到此处，华佗决定用中医最基本的“阴阳之道”救治樵夫。

华佗选一年中阳气最盛的端午节，又选了一天中阳气最盛的午时（中午），以杭州当地五月入市的黄鳝、黄鱼、黄瓜、咸鸭蛋黄为药膳，以雄黄酒辅食，用这“五黄”为樵夫祛寒毒，以天地纯阳之气来驱除中毒者体内残留的阴寒之气。服用药膳后，几位樵夫果然醒了。自此，端午节正午时分借助“五黄”驱寒解毒，甚至扭转运势就成了杭州一带的习俗。

“五黄”在故事里是药，而在当今杭州可是名副其实的美食美酒。遵循中医里的“阴阳”与“气”饮食作息，相信身体也会更加康健。

白居易一诗定风俗

农历九月初九是中国传统的『重阳节』，这一天几乎全国都有登高、赏菊、饮酒的习俗，杭州自然也不例外。然而杭州自古是文人墨客会聚的地方，据说自从当年白居易一首诗定了基调，杭州重阳节就有了『文人节』的特殊身份，拼诗词、对对联也成了杭州重阳节的特色风俗。

白居易任杭州刺史时，有一年重阳节随百姓一起登高。登山路途中，遇到一位孝子搀着年迈的父亲缓慢地向山顶登高求寿。但可能是老人确实年迈，山路崎岖，走了一会儿就走不动了，老人看着四周人们都在快速行走，气馁地捶了捶自己的腿，竟然一下坐在地上哭了起来。老人抱怨自己老而无用，还拖累了儿子儿媳过不上好日子，不想登高求寿，恨不得早点死了算了。秋风萧瑟，本就容易让人情绪低落，老爷子这么一闹，好多路过的老人也心生迟暮之感，一时间登高气氛变得特别压抑。这时候白居易上前搀起老人，大声吟诵了一首自己的诗：『夜新霜著瓦轻，芭蕉新折败荷倾。耐寒唯有东篱菊，金粟初开晓更清。』白居易的诗通俗易懂，老人明白刺史大人是以秋菊来告诉老人『即使是人到晚秋，依然可以像菊花一样清香傲然』。白居易看到老人情绪松动，马上发动登山的文人分别作诗言志，一首首诗词或怀古颂今，或抒情明理，年长者均受感染，相携登高。自此，杭州重阳节也就成了文人的节日。后人赞叹说，文人从文的作用莫过于此，即以文采激励他人，以文章感化他人。

杭州重阳家家吃栗子糕

重阳糕，以糜栗粉和糯米拌蜜蒸熟，切斜方形，上插彩旗。插旗之风，南宋已有。据《梦粱录》载，杭城重阳节尚时兴"狮蛮栗糕"，供衬进酒，以应节序。

白居易——诗定风俗

农历九月初九是中国传统的“重阳节”，这一天几乎全国都有登高、赏菊、饮酒的习俗，杭州自然也不例外。然而杭州自古是文人墨客会聚的地方，据说自从当年白居易一首诗定了基调，杭州重阳节就有了“文人节”的特殊身份，拼诗词、对对联也成了杭州重阳节的特色风俗。

白居易任杭州刺史时，有一年重阳节随百姓一起登高。登山路途中，遇到一位孝子搀着年迈的父亲缓慢地向山顶登高求寿。但可能是老人确实年迈，山路崎岖，走了一会儿就走不动了，老人看着四周人们都在快速行走，气馁地捶了捶自己的腿，竟然一下坐在地上哭了起来。老人抱怨自己老而无用，还拖累了儿子儿媳过不上好日子，不想登高求寿，恨不得早点死了算了。

秋风萧瑟，本就容易让人情绪低落，老爷子这么一闹，好多路过的老人也心生迟暮之感，一时间登高气氛变得特别压抑。这时候白居易上前搀起老人，大声吟诵了一首自己的诗：“一夜新霜著瓦轻，芭蕉新折败荷倾。耐寒唯有东篱菊，金粟初开晓更清。”白居易的诗通俗易懂，老人明白刺史大人是以秋菊来告诉老人“即使是人到晚秋，依然可以像菊花一样清香傲然”。

白居易看到老人情绪松动，马上发动登山的文人分别作诗言志，一首首诗词或怀古颂今，或抒情明理，年长者均受感染，相携登高。自此，杭州重阳节也就成了文人的节日。

后人赞叹说，文人从文的作用莫过于此，即以文采激励他人，以文章感化他人。

小贴士：

杭州重阳家家吃栗子糕

重阳糕以糜栗粉和糯米拌蜜蒸熟，切斜方形，上插彩旗。插旗之风，南宋已有。据《梦粱录》载，杭城重阳节尚时兴“狮蛮栗糕”，“以五色米粉塑成狮蛮，以小彩旗簇之，下以熟栗子肉杵为细末，入麝香糖蜜和之，捏为饼糕小段，或如五色弹儿，皆人韵果糖霜，名之‘狮蛮栗糕’。供衬进酒，以应节序”。

杭州的花朝节和龙井春茶会

花车
花朝节

不过花朝节，不算到春天

对杭州人来说，『春天』的意义不仅在于万物复苏，一年之计，而是『花朝节』又要到了。每年四、五月份是杭州百花盛开的季节，有句古诗写道：『百花生日是良辰，未到花朝一半春。红紫万千披锦绣，尚劳点缀贺花神。』花朝节在古代是岁时八节之一，又称『花神节』，确切来说是女孩子们的节日。

『花神』不算正统的神灵，却是爱花惜花之人的知己。传说花神名叫花姑，负责掌管花开花谢。唐朝时期闽州鹤林寺院内有一株杜鹃花，某日节度使周宝想让它在重阳节开花。道士殷天祥被周宝派去与花神沟通，最终说服了花神。重阳节那天，鹤林寺的杜鹃花违背时节盛开，美景无双，可是节日一过，却连片花叶都不见了。人们纷纷传说『花神』显灵，留下了『惜花致福，损花折寿』的警喻，于是爱花之人更多。

杭州的西溪湿地是近几年花朝节的举办地，期间整个会场开满鲜花，品种多样，姹紫嫣红。花丛中穿梭的是古装少女或仙女打扮的『花仙子』，她们种花、赏花、游园，引来无数游客驻足。最抓人眼球的是游行花车，每辆造型奇异色彩艳丽的花车上都有穿着华丽的『花神』与杭州市民互动，说是花朝节，更像是凡人闯入了仙境中。怪不得有『不过花朝节，不算到春天』的说法。

西湖博览会：世界上最早一次博览会在一七九八年，首创者是法国的拿破仑。从此以后博览会、展销会成为风潮。第一届西湖博览会是在一九二九年，从六月六日开到十月十日，历时四个月，接待了十万余人，大大刺激了杭州本地商业发展。

杭州的花朝节和龙井春茶会

“不过花朝节，不算到春天。”

对杭州人来说，“春天”的意义不仅在于万物复苏、一年之计，而是“花朝节”又要到了。每年的四、五月份是杭州百花盛开的季节，有句古诗写道：“百花生日是良辰，未到花朝一半春。红紫万千披锦绣，尚劳点缀贺花神。”花朝节在古代是岁时八节之一，又称“花神节”，确切来说是女孩子们的节日。

“花神”不算正统的神灵，却是爱花惜花之人的知己。传说花神名叫花姑，负责掌管花开花谢。唐朝时期阔州鹤林寺院内有一株杜鹃花，某日节度使周宝想让它在重阳节开花。道士殷天祥被周宝派去与花神沟通，最终说服了花神。重阳节那天，鹤林寺的杜鹃花违背时节盛开，美景无双，可是节日一过，却连片花叶都不见了。人们纷纷传说“花神”显灵，留下了“惜花致福，损花折寿”的警喻，于是爱花之人更多。

杭州的西溪湿地是近几年花朝节的举办地，期间整个会场开满鲜花，品种多样，姹紫嫣红。花丛中穿梭的是古装少女或仙女打扮的“花仙子”，她们种花、赏花、游园，引来无数游客驻足。最抓人眼球的是游行花车，每辆造型奇异、色彩艳丽的花车上都有穿着华丽的“花神”与杭州市民互动。说是花朝节，更像是凡人闯入了仙境中。怪不得有“不过花朝节，不算到春天”的说法。

小贴士：

西湖博览会

世界上最早的一次博览会在1798年，首创者是法国的拿破仑。从此以后博览会、展销会成为风潮。第一届西湖博览会是在1929年，从6月6日开到10月10日，历时四个月，接待了十万余人，大大刺激了杭州本地的商业发展。

西湖龙井茶"双黄蛋"防伪标志

刮开涂层再防伪号

120g

2014年

杭州市西湖龙井茶管理协会

清茶一杯说尽天下事

西湖龙井的品级高低取决于采摘时间。其中最贵的『明前茶』要在三月中旬开始采摘，而每年第一个开采春茶的『茶农』便备受关注。西湖乡翁家山村的茶农王澍周连续五年第一个炒制出明前茶，在杭州茶行业里相当有名。

龙井茶分为春茶、夏茶和秋茶，五个最著名的品牌「狮」『龙』『云』『虎』『梅』分别对应狮峰、龙井、云栖、虎跑和梅家坞这五块产地。每年的龙井春茶会大概在春茶采摘期举办，内容从品茶会到欣赏茶艺文化，有的人来了兴致还会亲自到茶田里客串一天茶农。杭州的茶文化丰富多彩，大雅里掺着大俗，茶会里有民间茶具收集展览，也有与茶业相关的各类书画，还有许多百年前的茶叶包装，从木雕盒子到绒盒都有，看来从古到今人们对西湖龙井的疯狂喜爱就从来没有停止过。

品茶在中国是一种高雅的休闲方式，故而做茶叶生意的人骨子里都挺自豪，他们认为茶叶销售是『家居山野，泽被五洋』的生意。就养生来说，茶叶应该是最健康的养生佳品了吧。但近些年西湖龙井的仿冒和造假却层出不穷，杭州茶业疲于应付，只能本地企业抱成一团，将出产于浙江以外的龙井茶都贴上『假货』的标签，还申请了一个俗称『双黄蛋』的防伪标识。打假是场持久战，『双黄蛋』的做法只能算是应付一时，聊胜于无吧。

南茶北引：二十世纪五十年代，山东省有人提出将南方的茶种引到北方种植，最终从杭州引进的龙井茶试种成功，并不断扩大种植区。以下几个品牌都是龙井茶的近亲：雪青茶、崂山绿茶、乳山绿茶、莒南绿茶、林下茶等。

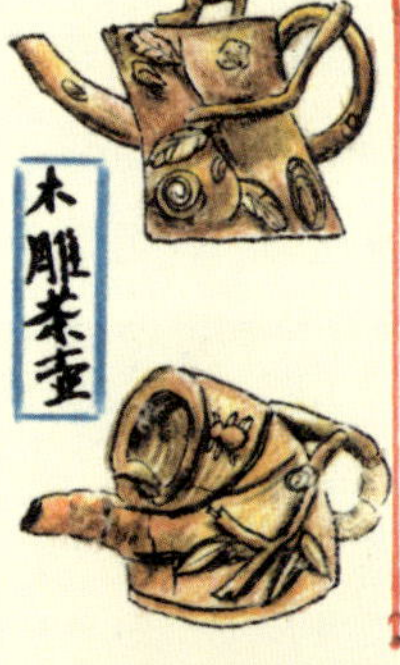

木雕茶壶

“清茶一杯说尽天下事。”

西湖龙井的品级高低取决于采摘时间。其中最贵的“明前茶”要在三月中旬开始采摘，而每年第一个开采春茶的“茶农”便备受关注。西湖乡翁家山村的茶农王澍周连续五年第一个炒制出明前茶，在杭州茶行业里相当有名。

龙井茶分为春茶、夏茶和秋茶，五个最著名的品牌“狮”“龙”“云”“虎”“梅”分别对应狮峰、龙井、云栖、虎跑和梅家坞这五块产地。每年的龙井春茶会大概在春茶采摘期举办，内容从品茶会到欣赏茶艺文化，有的人来了兴致还会亲自到茶田里客串一天茶农。杭州的茶文化丰富多彩，大雅里掺着大俗，茶会里有民间茶具收集展览，也有与茶业相关的各类书画。还有许多百年前的茶叶包装，从木雕盒子到绒盒都有，看来从古到今人们对西湖龙井的疯狂喜爱就从来没有停止过。

品茶在中国是一种高雅的休闲方式，故而做茶叶生意的人骨子里都挺自豪，他们认为茶叶销售是“家居山野，泽被五洋”的生意。就养生来说，茶叶应该算是最健康的养生佳品了吧。但近些年西湖龙井的仿冒和造假却层出不穷，杭州茶业疲于应付，只能本地企业抱成一团，将出产于浙江以外的龙井茶都贴上“假货”的标签，还申请了一个俗称“双黄蛋”的防伪标识。打假是场持久战，“双黄蛋”的做法只能算是应付一时，聊胜于无吧。

小贴士：

南茶北引

20世纪50年代，山东省有人提出将南方的茶种引到北方种植，最终从杭州引进的龙井茶试种成功，并不断扩大种植区。以下几个品牌都是龙井茶的近亲：雪青茶，崂山绿茶，乳山绿茶，莒南绿茶，林下茶等。

吴山庙会：一年到头拜城隍神

中国很多城市都有『赶庙会』的风俗，而一个庙会一年到头都热闹非凡，恐怕只有杭州的『吴山庙会』了。吴山庙会终年不息的原因只有老杭州人才知道：吴山也叫『城隍山』，山上有城隍庙，杭州人日日来此，其实是来拜祭杭州的城隍神周新。

周新是明代永乐年间的浙江按察使。在任期间，他首先整顿杭州官场，上到官吏下到差役，凡是贪赃枉法或者尸位素餐的公职人员一律更换；另外周新还微服私访将牢狱中的冤假错案一一纠正。杭州人管他叫『青天大老爷』，而文书中则记其为『冷面寒铁』。可惜，周新因得罪锦衣卫而被奸臣诬陷，回京途中遭贼人杀害。

周新被害的消息传出后激起了民愤，皇帝为了安抚百姓，就下皇榜说梦见周新升入天庭，做了杭州的城隍神。当年彭参公为周新立传也写道：『天帝见一红衣者立日中，问其谁，云周新是也。天帝以其刚直，命为杭州城隍。』就这样，杭州人在吴山为其建城隍庙，吴山也就又称作『城隍山』，由于周新在杭州人心中的重要地位，一年到头几乎天天都有人上山拜祭，终年不息的『吴山庙会』也随之形成了。

时至今日，无论什么时候到杭州吴山都能赶一赶那里的庙会，正月里大多是本地人，二三月多香客，立夏有『五郎八保十三匠』……虽说吴山庙会天天有，但一年到头也各有趣味。

中国古代有城池和城隍的区别，城外有水做护城河的城墙为"池"，无水的城墙为"隍"。据说由《周礼》蜡祭之一的"水庸神"衍化而来。

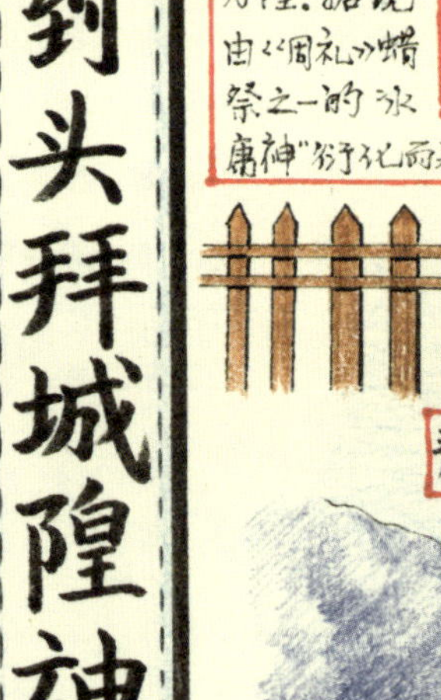

拜城隍神

吴山庙会：一年到头拜城隍神

中国很多城市都有“赶庙会”的风俗，而一个庙会一年到头都热闹非凡，恐怕只有杭州的“吴山庙会”了。吴山庙会终年不息的原因只有老杭州人才知道：吴山也叫“城隍山”，山上有城隍庙，杭州人日日来此，其实是来拜祭杭州的城隍神周新。

周新是明代永乐年间的浙江按察使。在任期间，他首先整顿杭州官场，上到官吏下到差役，凡是贪赃枉法或者尸位素餐的公职人员一律更换；另外，周新还微服私访将牢狱中的冤假错案一一纠正。杭州人管他叫“青天大老爷”，而文书中则记其为“冷面寒铁”。可惜，周新因得罪锦衣卫而被奸臣诬陷，回京途中遭贼人杀害。

周新被害的消息传出后激起了民愤，皇帝为了安抚百姓就下皇榜说梦见周新升入天庭，做了杭州的城隍神。当年彭参公为周新立传也写道：“天帝见一红衣者立日中，问其谁？云‘周新是也’。天帝以其刚直，命为杭州城隍。”就这样，杭州人在吴山为其建城隍庙，吴山也就又被称作“城隍山”。由于周新在杭州人心中的重要地位，一年到头几乎天天都有人上山拜祭，终年不息的“吴山庙会”也就随之形成了。

时至今日，无论什么时候到杭州吴山都能赶一赶那里的庙会，正月里大多是本地人，二三月多香客，立夏有“五郎八保十三匠”……虽说吴山庙会天天有，但一年到头也各有趣味。

小贴士：

城隍与城池

中国古代有城池和城隍的区别，城外有水做护城河的城堑为“池”，无水的城堑为“隍”。据说由《周礼》蜡祭之一的“水庸神”衍化而来。

第三章

杭州景致

西湖十景：美丽背后的故事

苏堤春晓

到杭州必游西湖，游西湖必赏西湖十景。自南宋时期，人们以西湖为中心，在西湖及其四周选择十处美景，十景之美各有其长，组合在一起又能将西湖古时风韵淋漓尽致地展现，使游完西湖的人流连忘返，未游过西湖的人更是无限向往。然而这十处景色除了表面的美丽，也有其背后的故事。

苏堤春晓，苏轼解决葑泥问题

宋朝，鼎鼎大名的苏轼在杭州担任知府。然而西湖因常年积累淤泥让西湖每逢雨季就会积水严重，苏轼决定疏浚西湖为杭州做一番贡献。疏浚工程并未遇到困难，但挖出的葑泥无处存放却让苏轼大伤脑筋。一日夜晚苏轼正在思考如何处置葑泥，忽听人言『乙夕』将至，苏轼想到用葑泥为材料建一长堤为西湖这西子画上一道眉。这道『眉』就是苏堤，春日苏堤上景色宜人，都说是为苏轼所呈现。

曲院风荷，酒客做了好宣传

『曲院』的『曲』字原是『酒曲』的意思，这里本是南宋官家的酒坊，酒质醇厚在当时名声大动，遂引得不少爱酒之人前来拜求佳酿。每逢夏季之时，此处池中荷花盛开，等候取酒的人闻着淡雅的荷香与甘醇的酒香，更是未饮即醉。之后夏季到此闻香赏荷的人越来越多，成为一景，由此取名『曲院风荷』。所以这处美景还真是多亏了美酒，更依赖于酒客的宣传。

曲院风荷

平湖秋月，康熙钦定观月位置

平湖秋月一景原本并无定点，直到康熙三十八年康熙来西湖游览，选择了那座背靠孤山，面对西湖外湖的亭子，在其四周重布假山叠石、花草林木，让这里成为视野开阔的一处赏月佳地，同时将亭子的名字改为『望月亭』，这才有了『平湖秋月』一处固定的景点。秋季在此赏月，望月的视角不会超过六十度，由于秋日无云，月亮会显得特别大、特别亮，称得上是『月光如水水如天』。

平湖秋月

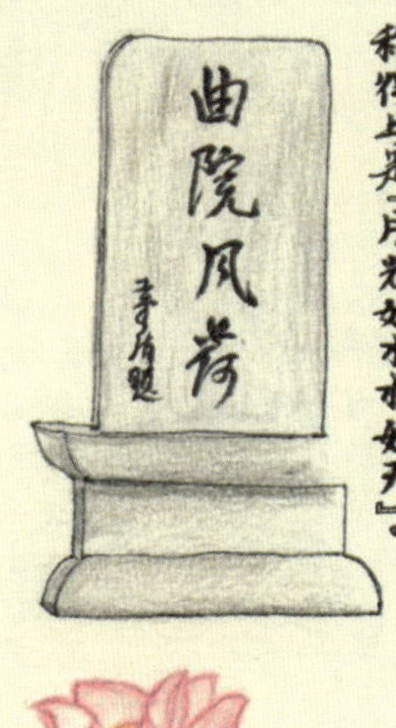

西湖十景：美丽背后的故事

到杭州必游西湖，游西湖必赏西湖十景。自南宋时期，人们以西湖为中心，在西湖及其四周选择十处美景，十景之美各有其长，组合在一起又能将西湖古时风韵淋漓尽致地展现，使游西湖的人叹为观止，游完西湖的人流连忘返，未游过西湖的人更是无限向往。然而，这十处景色除了表面的美丽，也有其背后的故事。

1.苏堤春晓，苏轼解决葑泥问题

宋朝，鼎鼎大名的苏轼在杭州担任知府。苏轼一生喜山乐水，初到杭州就被西湖美景深深吸引住了。然而美中不足的是，常年积累的淤泥让西湖每逢雨季就会积水严重，苏轼决定疏浚西湖为杭州做一番贡献。

疏浚工程并未遇到困难，但挖出的葑泥无处存放却让苏轼大伤脑筋。一日夜晚苏轼正在思考如何处置葑泥，忽听人言“七夕”将至，苏轼灵机一动：天上有牛郎织女的鹊桥，西湖上为何不可架一长桥？恰好可以用葑泥为材料建一长堤，为西湖这西子画上一道眉。

这道“眉”就是苏堤，春日苏堤上景色宜人，都说是为苏轼所呈现。

2.曲院风荷，酒客做了好宣传

“曲院”的“曲”字原是“酒曲”的意思，这里本是南宋官家的酒坊，酒质醇厚，在当时名声大动，遂引得不少爱酒之人前来拜求佳酿。

每逢夏季之时，此处池中荷花盛开，等候取酒的人闻着淡雅的荷香与甘醇的酒香，更是未饮即醉，别有一番滋味。之后夏季到此闻香赏荷的人越来越多成为一景，由此取名为“曲院风荷”。所以，这一处美景还真是多亏了美酒，更依赖于酒客的宣传。

3.平湖秋月，康熙钦定观月位置

平湖秋月一景原本并无定点，人们说在西湖任何一个位置看那明月都很美。直到康熙三十八年，康熙来西湖游览，选择了那座背靠孤山，面对西湖外湖的亭子，在其四周重布假山叠石、花草林木，让这里成为视野开阔的一处赏月佳地，同时将亭子的名字改为“望月亭”，这才有了平湖秋月一处固定的景点。

秋季在此赏月，望月的视角不会超过60度，由于秋日无云，月亮会显得特别大，特别亮，称得上是“月光如水水如天”。

断桥残雪：残雪非雪而是月光

"断桥残雪"景在西湖十景中出处最多，其中比较文艺范儿的出处，是明末文学家张岱的故事。

据说张岱第一次到杭州时已入夜，但是张岱实在忍不住想看看西湖美景，于是连夜在家丁陪伴下去了西湖。当他到了断桥一处时，突然看到断桥上有雪，而正值深秋时节不该有雪。张岱走近一看，原来是月光。所以他在《西湖梦寻》中写道："……行其下者枝叶扶苏，漏下月光，碎如残雪。"自此无论春夏秋冬，断桥残雪都可能会出现在人们眼前。

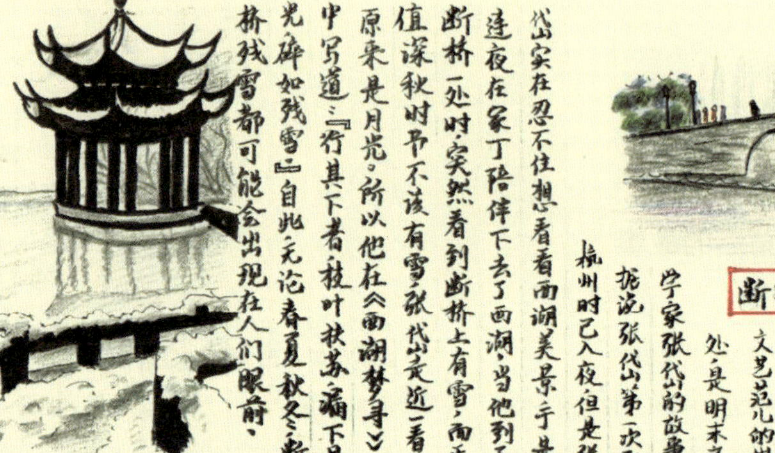
断桥残雪

柳浪闻莺：一幅织锦让这里变成御花园

据说西湖原有九景，而在离西湖不远有个叫"柳浦"的地方，满村都是杨柳，这里住的都是织锦户。村中有一个叫柳浪的人善于织锦，柳树林的黄莺幻化成姑娘和柳浪成亲，与柳浪共同完成了有声有色的"柳浪闻莺"图，献给南宋皇帝。

皇帝看到这幅织锦惊为天物，于是让官员照着织锦的景象在西湖为自己修一座御花园，这也正是"柳浪闻莺"景点的前身。

柳浪闻莺

花港观鱼：鱼美人传说的雏形

杭州城西曾有座花家山，山上桃花似锦，花瓣飘零后随溪水流入西湖畔的池塘，人称花港。据说在花港前花家山的一个书生遇到了一位出身大户的余姓小姐，二人相恋，却因地位悬殊无法在一起，后在花港殉情化作一对锦鲤，日日以山上飘下的桃花为食，后子孙繁衍成了花港里五彩缤纷的金鱼。此处成了西湖十景之一。

乾隆游西湖听故事观景后还为其题诗："花家山下流花港，花著鱼身鱼嘬花。"

花港观鱼

花港观鱼

4.断桥残雪，残雪非雪而是月光

断桥残雪一景在西湖十景中出处最多，其中比较文艺范儿的出处，是明末文学家张岱的故事。

据说张岱第一次到杭州时已入夜，但是张岱实在忍不住想看看西湖美景，于是连夜在家丁陪伴下去了西湖。当他到了断桥一处时，突然看到断桥上有雪，而正值深秋时节不该有雪，张岱走近一看，原来是月光。所以，他在《西湖梦寻》中写道："行其下者，枝叶扶苏，漏下月光，碎如残雪。"自此，无论春夏秋冬，断桥残雪都可能会出现在人们眼前。

5.柳浪闻莺，一幅织锦让这里变成御花园

据说西湖原有九景，而在离西湖不远有个叫"柳浦"的地方，满村都是杨柳，这里住的都是织锦户。村中有一个叫柳浪的人善于织锦，柳树林的黄莺幻化成姑娘和柳浪成亲，与柳浪共同完成了有声有色的"柳浪闻莺"图，献给了南宋皇帝。

皇帝看到这幅织锦惊为天物，于是让官员照着织锦的景象在西湖为自己修一座御花园，这也正是"柳浪闻莺"景点的前身。

6.花港观鱼，鱼美人传说的雏形

杭州城西曾有一座花家山，山上桃花似锦，花瓣飘零后随溪水流入西湖畔的池塘，人称花港。据说在花港前，花家山的一个书生遇到了一位出身大户的余姓小姐，二人相恋却因地位悬殊无法在一起，后在花港殉情化作一对锦鲤，日日以山上漂下的桃花为食，后子孙繁衍成了花港里五彩缤纷的金鱼，此处才成了西湖十景之一。

乾隆游西湖听故事观景后还为其题诗："花家山下流花港，花著鱼身鱼曝花。"

雷峰夕照只是妃子的一个礼物

雷峰夕照有名，更有名的却是雷峰塔可谁能想到它原本只是一份送给妃子的礼物。

其实雷峰塔的『闺名』叫作『黄妃塔』。五代十国时期，吴越国的最后一位国王钱弘俶一直没有满意的儿子，正逢他最爱的黄妃为其诞下一名皇子，钱弘俶为庆祝此事就建了一座塔送给妃子做礼物，这座塔就是雷峰塔的前身。

雷峰夕照

双峰插云：愚公移山后传

这一胜景里的『双峰』在老杭州有着另一个有趣的传闻：南山与北山分别源自曾经愚公门前的太行与王屋。据说，当年玉皇被愚公移山的精神感动，派了两位天神将太行、王屋两座大山搬走。两位天神搬着大山路过西湖，停下休息片刻欣赏一下西湖美景。二神都被西湖美景所吸引，怕以后找不到这里，于是从太行、王屋两山上各取下一角变成南山、北山，一来留个记号，二来保护西湖不被侵害。南山、北山沾了天神仙气，故而有仙云挂在山峰，形成双峰插云的美景。

西湖十景诗—张岱

烟柳幕桃花，
红玉沉秋水。
文弱不胜夜，
西施刚睡起。
（苏堤春晓）

颊上带微酡，
解颐开笑口。
何物醉荷花，
暖风原似酒。
（曲院风荷）

秋空见皓月，
冷气入林皋。
静听孤飞雁，
声轻天正高。
（平湖秋月）

高柳荫长堤，
疏疏漏残月。
蹩躠步松沙，
恍疑是踏雪。
（断桥残雪）

深柳叫黄鹂，
清音入空翠。
若果有诗肠，
不应比鼓吹。
（柳浪闻莺）

双峰插云

7.雷峰夕照，只是妃子的一个礼物

雷峰夕照有名，更有名的却是雷峰塔，可谁能想到它原本只是一份送给妃子的礼物。

其实雷峰塔的“闺名”叫作“黄妃塔”。五代十国时期，吴越国的最后一位国王钱弘俶一直没有满意的儿子，正逢他最宠爱的黄妃为其诞下一名皇子，钱弘俶为庆祝此事就建了一座塔送给妃子做礼物，这座塔就是雷峰塔的前身。

8.双峰插云，愚公移山后传

这一胜景里的“双峰”在老杭州有着另一个有趣的传闻，南山与北山分别源自曾经愚公门前的太行与王屋。

据说，当年玉皇被愚公移山的精神感动，派了两位天神将太行、王屋两座大山搬走。两位天神搬着大山路过西湖，停下休息片刻欣赏一下西湖美景，二神都被西湖美景所吸引，怕以后找不到这里，于是从太行、王屋两山上各取下一角变成南山、北山，一来留个记号，二来保护西湖不被侵害。

南山、北山沾了天神仙气，故而有仙云挂在山峰，形成双峰插云的美景。

南屏晚钟

南屏晚钟张择端以图绘声

『南屏晚钟』被世人称作『天地乐器』，人们说只有上天才能假人之手，以山川自然为凭借，奏出如此动听的天籁。文字几乎难以表达此景的精髓，而大画家张择端却能以画做到。

据说北宋时张择端亲临西湖，当听到南屏晚钟时热泪盈眶，思绪万千，站在原地愣了一个时辰。后等不及回到住所，失礼地抢了他人的画笔画出《南屏晚钟图》，此图生动传神，观图即可感受南屏晚钟。虽然此图不及其《清明上河图》名声显赫，但依然是张择端平生难得之佳作。

三潭印月，观音香炉的三只脚

杭州人中秋赏『三潭印月』已是长久的风俗，而老杭州人则传承着『观月是次，祈福为主』的说法。

据说古时西湖有一黑鱼精作怪，每到月圆的时候都要当地百姓献童男童女。观音娘娘知道这事之后，选了八月十五月亮最圆的日子，将香炉投入湖中镇住黑鱼精，只露出三只鼎脚。自此之后，杭州人每逢月圆都来观月祈福，感恩观音娘娘。

上有天堂，下有苏杭，苏杭之美集于西湖，而西湖十景更是美中之最。有人说：『所有的美景背后都有它美的意义和故事，否则必然美得苍白。』西湖十景正是如此。

深恨放生池，
无端造鱼狱。
今来花港中，
肯受人拘束？
（花港观鱼）

残塔临湖岸，
颓然一醉翁。
奇情在瓦砾，
何必藉人工。
（雷峰夕照）

一峰一高人，
两人相与语。
此地有西湖，
勾留不肯去。
（两峰插云）

夜气滃南屏，
轻岚薄如纸。
钟声出上方，
夜渡空江水。
（南屏晚钟）

湖气冷如冰，
月光淡于雪。
肯弃与三潭，
杭人不看月。
（三潭印月）

三潭印月

9.南屏晚钟，张择端以图绘声

“南屏晚钟”被世人称作“天地乐器”，人们说只有上天，才能假人之手，以山川自然为凭借，奏出如此动听的天籁。文字几乎难以表达此景的精髓，而大画家张择端却能以画做到。

据说北宋时张择端亲临西湖，当听到南屏晚钟时热泪盈眶，思绪万千，站在原地愣了一个时辰。后等不及回到住所，失礼地抢了他人的画笔，画出《南屏晚钟图》，此图生动传神，观图即可感受南屏晚钟。虽然此图不及其《清明上河图》名声显赫，但依然是张择端平生难得之佳作。

10.三潭印月，观音香炉的三只脚

杭州人中秋赏“三潭印月”已是长久的风俗，而老杭州人则传承着“观月是次，祈福为主”的说法。

据说古时西湖有一黑鱼精作怪，每到月圆的时候都要当地百姓献童男童女。观音娘娘知道这事之后，选了八月十五月亮最圆的日子，将香炉投入湖中镇住黑鱼精，只露出三只鼎脚。自此之后，杭州人每逢月圆都来观月祈福，感恩观音娘娘。

上有天堂下有苏杭，苏杭之美集于西湖，而西湖十景更是美中之最。有人说：“所有的美景背后都有它美的意义和故事，否则必然美得苍白。”西湖十景正是如此。

小贴士：

西湖十景诗——张岱

（苏堤春晓）
烟柳幕桃花，红玉沉秋水。
文弱不胜夜，西施刚睡起。
（曲院风荷）
颊上带微酡，解颐开笑口。
何物醉荷花，暖风原似酒。
（平湖秋月）
秋空见皓月，冷气入林皋。
静听孤飞雁，声轻天正高。
（断桥残雪）
高柳荫长堤，疏疏漏残月。
蹩躠步松沙，恍疑是踏雪。
（柳浪闻莺）
深柳叫黄鹂，清音入空翠。
若果有诗肠，不应比鼓吹。
（花港观鱼）
深恨放生池，无端造鱼狱。
今来花港中，肯受人拘束?
（雷峰夕照）
残塔临湖岸，颓然一醉翁。
奇情在瓦砾，何必藉人工。
（两峰插云）
一峰一高人，两人相与语。
此地有西湖，勾留不肯去。
（南屏晚钟）
夜气滃南屏，轻岚薄如纸。
钟声出上方，夜渡空江水。
（三潭印月）
湖气冷如冰，月光淡于雪。
肯弃与三潭，杭人不看月。

西溪且留下

电影	成名地
《大红灯笼高高挂》	乔家大院
《音乐之声》	奥地利的萨尔斯堡
《哈利·波特》	英格兰安尼克堡
《冬日恋歌》	韩国南怡岛
《暮光之城》	美国俄勒冈州波特兰
《来自星星的你》	长蛇岛

大约九百年以前，刚建立南宋的赵构来到杭州。当他来到西溪后，眼前杨柳依依，芦花点点的景致让他目瞪口呆。赵构打死也不相信世界上还有如此美丽的地方，立即决定在西溪建皇宫。当时能在湿地里建皇宫的人还没出生呢，而且皇宫建在湿地里，大家上朝难道坐船来么，不管怎么说，皇帝的这个想法得制止。于是大家将赵构又引到了凤凰山。从建皇宫的方面考虑凤凰山更适合，而且当时准备着与金兵对决的南宋并没有多余的钱建造两处皇宫，于是赵构恋恋不舍地说了一句『西溪且留下』。

西溪一直留着吧，不光为赵构，也为了整个杭州城。距离西湖不到五公里的西溪，是罕见的城中次生湿地，不光随时为杭州提供水源、改善气候，默默担当『杭州之肾』，还凭借优美的景致与西湖、西泠并称杭州『三西』，装扮着杭州。或许是因为宣传不到位，西溪没有西湖知名度高。

西溪湿地与西湖、西泠并称杭州"三西"

二〇〇九年冯小刚来到西溪，灵感瞬间激发，决定将西溪的镜头大片放入电影《非诚勿扰》中，为电影增色，也让西溪摆脱寂寞，一夜成名。最经典的一幕是葛优坐在摇橹船里抿着龙井茶，旁边的舒淇小姐给他讲到宋高宗『西溪且留下』的典故时，葛优满脸得意地说，皇帝当年没留下是因为没钱，我有钱可以留下了。结果电影一放映，西溪湿地一下就上了热搜榜。当你也坐着摇橹船，穿过水一条又竖一座，来到芦苇深处的西溪湿地，会不会也希望西溪是为你留下的呢？

《非诚勿扰》剧照

西溪且留下

大约900年以前，刚建立南宋的赵构来到杭州。当他来到西溪后，眼前杨柳依依、芦花点点的景致让他目瞪口呆。赵构打死也不相信世界上还有如此美丽的地方，立即决定在西溪建皇宫。当时能在湿地里建皇宫的人还没出生呢，而且皇宫建在湿地里，大家上朝难道坐船来么？不管怎么说，皇帝的这个想法得制止，于是大家将赵构又引到了凤凰山。从建皇宫的方面考虑，凤凰山更适合，而且当时准备着与金兵对决的南宋并没有多余的钱建造两处皇宫，于是赵构恋恋不舍地说了一句“西溪且留下”。

西溪一直留着呢，不光为赵构，也为了整个杭州城。距离西湖不到5公里的西溪，是罕见的城中次生湿地，不光随时为杭州提供水源、改善气候，默默担当“杭州之肾”，还凭借优美的景致与西湖、西泠并称杭州“三西”，装扮着杭州。或许是因为宣传不到位，西溪并没有西湖知名度高。

2009年，冯小刚来到西溪，灵感瞬间激发，决定将西溪的镜头大片放入电影《非诚勿扰》中，为电影增色，也让西溪摆脱寂寞，一夜成名。最经典的一幕是，葛优坐在摇橹船里抿着龙井茶，旁边的售楼小姐给他讲到宋高宗“西溪且留下”的典故时，葛优满脸得意地说：皇帝当年没留下是因为没钱，我有钱，可以留下了！结果电影一放映，西溪湿地一下就上了热搜榜。

当你也坐着摇橹船，穿过水一条又壑一座，来到芦苇深处的西溪湿地，会不会也希望西溪是为你留下的呢？

小贴士：

那些影视作品捧红的地方

电影	成名地
《大红灯笼高高挂》	乔家大院
《音乐之声》	奥地利的萨尔斯堡
《哈利·波特》	英格兰安尼克堡
《冬日恋歌》	韩国南怡岛
《暮光之城》	美国俄勒冈州波特兰
《来自星星的你》	长蛇岛

钱塘江边的潮皮鸟

浙江卫视

钱塘江有大潮的『闹』，就该有一种『静』，这种静在江畔上，是老杭州的一群祖祖辈辈住在这里的人，他们静静地靠着传承的手艺——晒盐度日，他们是盐民，他们自称『潮皮鸟』。

盐场必须建在江边，否则运输江水就是一大笔开销，但又不能离江水太近，否则潮涨潮落，盐民就只剩眼泪了。钱塘江畔的盐场大多选择江边较高的地势，只有大潮能没过，所以每年的大潮时是盐民的假期。与盐民相似，在钱塘江潮头，一种灰色的小鸟叫作『潮皮鸟』，大潮来则飞走，潮水走了就停在裸出的江滩上觅食，盐民们的生活也是如此。老盐民们大多不上学不识字，他们一直靠晒盐活着，但他们会讲故事，都是老人传下的盐民自己的故事。比如为什么钱塘江潮声浪滔天，据说古时候这里出现过一个力大无穷的盐民，他天能晒好几万斤的盐，有一年他攒下千万斤盐要卖了娶媳妇，可八月十八相亲的时候大潮来了。那时候潮水和普通潮水一样声音并不大，等他回家后所有的盐都被潮水化掉吞没，他气不过就寻着咸味追到了东海，龙王拗他不过就承诺还他金银，但此人为钱塘所有盐民考虑，最后把自己卖给了龙王当侍卫，条件是每年钱塘江大潮必须声音震天，让每个盐民都听到，以防有人受伤，盐田受损，而他的灵魂则化作潮皮鸟与江畔盐民同劳同息。

钱塘江畔少不了『潮皮鸟』，正像生活少不了盐，否则就会寡淡，总得有这些安静的人为钱塘江增添另一番滋味。

浙江省名字的由来就是钱塘江。钱塘江古名『浙江』，又名『折江』、『之江』。由于江水流动的路线为『之』字，得『之』江，后人取『曲折』之意，故名『折江』，古人以『水折』又演化成『浙』。而钱塘江是流经杭州最重要的河。

钱塘江边的潮皮鸟

钱塘江有大潮的“闹”，就该有一种“静”，这种静在江畔上，是老杭州一群祖祖辈辈住在这里的人，他们静静地靠着传承的手艺——晒盐度日，他们是盐民，他们自称“潮皮鸟”。

盐场必须建在江边，否则运输江水就是一大笔开销，但又不能离江水太近，否则潮涨潮落，盐民就只剩眼泪了。钱塘江畔的盐场大多选择江边较高的地势，只有大潮能没过，所以每年大潮时是盐民的假期。与盐民相似，在钱塘江潮头一种灰色的小鸟叫作“潮皮鸟”，大潮来则飞走，潮水走了就停在裸出的江滩上觅食，盐民们的生活也是如此。

老盐民们大多不上学不识字，他们一直靠晒盐活着，但他们会讲故事，都是老人传下的盐民自己的故事。比如：为什么钱塘江潮声浪滔天？据说古时候这里出现过一个力大无穷的盐民，他一天能晒好几万斤的盐。有一年他攒下千万斤盐要卖了娶媳妇，可八月十八相亲的时候大潮来了。那时候潮水和普通潮水一样声音并不大，等他回家后所有的盐都被潮水化掉吞没。他气不过就寻着咸味追到了东海，龙王拗他不过就承诺还他金银。但此人为钱塘所有盐民考虑，最后把自己卖给了龙王当侍卫，条件是每年钱塘江大潮必须声音震天，让每个盐民都听到，以防有人受伤，盐田受损，而他的灵魂则化作潮皮鸟与江畔盐民同劳同息。

钱塘江畔少不了“潮皮鸟”，正像生活少不了盐，否则就会寡淡，总得有这些安静的人为钱塘江增添另一番滋味。

小贴士：

浙江省名字的由来就是钱塘江

钱塘江古名“浙江”，又名“折江”“之江”。由于江水流动的路线为“之”字，得“之”江，后人取“曲折”之意，改名“折江”，古人以“水折”又演化成“浙”。而钱塘江是流经杭州最重要的河流，算得上是浙江省的母亲河，所以浙江省以钱塘江的原名“浙江”命名。省电视台的台标也是用了“之江”的字义。

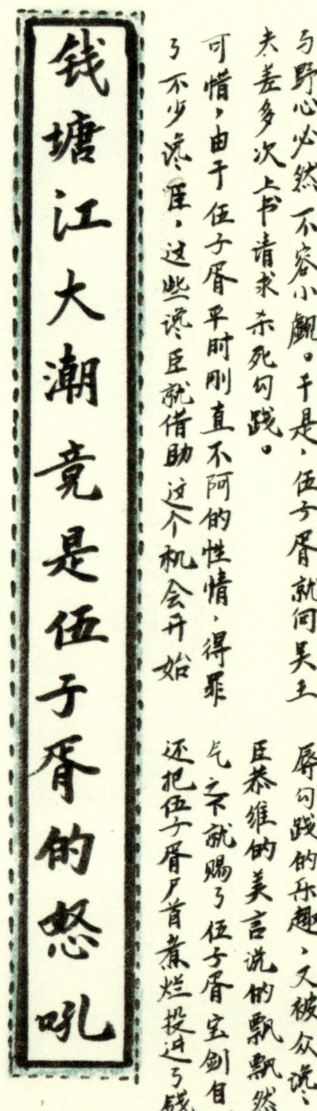

钱塘江大潮竟是伍子胥的怒吼

钱塘江观潮位置图

沪杭高速
杭浦高速
海宁大缺口
海宁老盐仓
七格
萧山美女坝
七堡
萧山九号坝
绕城高速
三堡
九溪

每年农历八月十八，杭州有一自然盛景会引来无数中外游人，哪怕有生命危险也无法浇灭人们来此观看的热情，这就是钱塘江大潮。虽然人们都知道大潮是天体引力和地球自转而形成，但当地人更喜欢将其赋予一个忠臣的故事：伍子胥的怒吼。

春秋战国时期，吴国战胜越国之后，越王勾践成为吴王夫差的阶下囚。勾践表面对夫差俯首称臣，甚至为其牵马尝粪，几乎所有人都相信勾践是真心臣服吴国，只有吴国大臣伍子胥看出勾践想要复国，并且认为：一个能放下自己所有尊严服侍仇敌的人，其胸怀与野心必然不容小觑。于是，伍子胥就向吴王夫差多次上书请求杀死勾践。

可惜，由于伍子胥平时刚直不阿的性情，得罪了不少谗臣，这些谗臣就借助这个机会开始诋毁伍子胥。有人进言：若杀了勾践，以后哪还有别的国家愿意向吴国臣服，伍子胥是让吴国与天下为敌；还有人进言，杀勾践有损夫差的名声，伍子胥是不想让夫差做一个有仁心的王者……当时夫差正享受着天天欺辱勾践的乐趣，又被众谗臣恭维的美言说的飘飘然，一气之下就赐了伍子胥宝剑自刎，还把伍子胥尸首煮烂投进了钱塘。

题伍子胥庙壁

白马曾骑踏海潮，
由来吴地说前朝；
眼前多少不平事，
愿与将军借宝刀。

钱塘江大潮竟是伍子胥的怒吼

每年农历八月十八，杭州有一处自然盛景会引来无数中外游人，哪怕有生命危险也无法减退人们来此观看的热情，这就是钱塘江大潮。虽然人们都知道大潮是天体引力和地球自转而形成，但当地人更喜欢将其赋予一个忠臣的故事：伍子胥的怒吼。

春秋战国时期，吴国战胜越国之后，越王勾践成为吴王夫差的阶下囚。勾践表面对夫差俯首称臣，甚至为其牵马尝粪，几乎所有人都相信勾践是真心臣服吴国，只有吴国大臣伍子胥看出勾践想要复国，并且认为：一个能放下自己所有尊严服侍仇敌的人，其胸怀与野心必然不容小觑。于是，伍子胥就向吴王夫差多次上书请求杀死勾践。

可惜，由于伍子胥平时刚直不阿的性情，得罪了不少谗臣，这些谗臣就借助这个机会开始诋毁伍子胥。有人进言，若杀了勾践，以后哪还有别的国家愿意向吴国臣服，伍子胥是让吴国与天下为敌；还有人进言，杀勾践有损夫差的名声，伍子胥是不想让夫差做一个有仁心的王者……当时夫差正享受着天天欺辱勾践的乐趣，又被众谗臣恭维的美言说得飘飘然，一气之下就赐了伍子胥宝剑自刎，还把伍子胥尸首煮烂投进了钱塘江。九年后“三千越甲可吞吴”真的实现了，吴国覆灭那一年，钱塘江开始怒浪滔天，人言这都是江中伍子胥悲愤的吼叫。

观潮听故事不失乐趣，有人说观潮如同观人生，每一个人都应该反思那句“忠言逆耳”的老话。

钱塘江回头潮：钱镠万箭吓退潮水

钱塘江大潮盛景中潮水形态各异极具观赏性，其中『回头潮』又最为著名。潮水本应一往无前绝不回头，可在老盐仓这片河坝前，竟然会调转，潮头逆流而上形成回头潮。据当地人说，这是当年钱镠万箭齐发吓退了潮水。

唐末五代时期，吴越王钱镠以勇猛著称。当时钱塘江大潮为杭州百姓带来了不少麻烦，钱镠就带着当地百姓开始筑堤御潮。沿着江岸筑堤一路顺利，最后到了潮水最高最猛的老盐仓，堤坝却是筑起几次就被潮水打垮几次。当地老人都说这是潮神的怒火，整个江岸都筑了堤坝，总得给潮神一个宣泄的地方，老盐仓这个地方不筑坝也行。

钱镠听了这些话就不高兴了，他认为如果真有潮神也应该为百姓着想，为何还为杭州百姓添难，于是，钱镠命人算好潮水涌向老盐仓的时辰，亲自挑选一万名弓箭手站在岸边的高山上严阵以待。望着远方的怒潮滚滚而来，钱镠大喊：『潮神，当守护这一方百姓，若不退去，必是潮魔，定当诛杀』！无数百姓望着滔天潮水，看潮水停滞片刻后依然滚滚拍向岸头，钱镠毫不畏惧下令放箭，一轮万箭潮水减速，二轮万箭潮水逆向，三轮万箭潮水竟以乘势之汹涌向后潮打去。自此之后，凡钱塘江大潮到老盐仓岸头都会形成『回头潮』的盛景，而杭州人依然敬重这里的潮神。杭州当地的老人说，人们喜欢这『回头潮』，意义其实是『浪子回头金不换』。无论一个人有多大错误，只要他真心愿意悔改，都应该给他一个机会。

喊潮人。"潮水来了，快上岸！"到杭州观潮的人越来越多，由于每年事故频发，"潮水吃人"每年都会上演，所以江边"喊潮人"的岗位再次设立。这个岗位可不是一般人能够胜任的，必须是当地的老渔民，除了水性好之外，更要熟悉潮水、水域情况以便救人。这些人才是活生生的英雄。

钱塘江回头潮：钱镠万箭吓退潮水

钱塘江大潮盛景中，潮水形态各异极具观赏性，其中“回头潮”又最为著名。潮水本应一往无前绝不回头，可在老盐仓这片河坝前，竟然会调转潮头逆流而上形成回头潮，据当地人说，这是当年钱镠万箭齐发吓退了潮水。

唐末五代时期，吴越王钱镠以勇猛著称。当时钱塘江大潮为杭州百姓带来了不少麻烦，钱镠就带着当地百姓开始筑堤御潮。沿着江岸筑堤一路顺利，最后到了潮水最高最猛的老盐仓，堤坝却是筑起几次就被潮水打垮几次。当地老人都说这是潮神的怒火，整个江岸都筑了堤坝，总得给潮神一个宣泄的地方，老盐仓这个地方不筑坝也行。

钱镠听了这些话就不高兴了，他认为如果真有潮神也应该为百姓着想，为何还为杭州百姓添难。于是，钱镠命人算好潮水涌向老盐仓的时辰，亲自挑选一万名弓箭手站在岸边的高山上严阵以待。望着远方的怒潮滚滚而来，钱镠大喊：“潮神，当守护这一方百姓，若不退去，必是潮魔，定当诛杀！”无数百姓望着滔天潮水，看潮水停滞片刻后依然滚滚拍向岸头。钱镠毫不畏惧下令放箭，一轮万箭潮水减速，二轮万箭潮水逆向，三轮万箭潮水竟以来势之汹涌向后潮打去。自此之后，凡钱塘江大潮到老盐仓岸头，都会形成“回头潮”的盛景，而杭州人依然敬重这里的潮神。

杭州当地的老人说，人们喜欢这“回头潮”，意义其实是“浪子回头金不换”。无论一个人有多大错误，只要他真心愿意悔改，都应该给他一个机会。

小贴士：

喊潮人

“潮水来了，快上岸！”到杭州观潮的人越来越多，由于每年事故频发，“潮水吃人”每年都会上演，所以江边“喊潮人”的岗位再次设立。这个岗位可不是一般人能够胜任的，必须是当地的老渔民，除了水性好之外，更要熟悉潮水、水域情况以便救人。这些人，才是活生生的英雄。

农夫山泉
NONGFU SPRING

千岛湖边有个农夫山泉

上世纪九十年代，一个叫钟睒睒（shǎn）的商人一来千岛湖，立刻被千岛湖惊呆了。当时的千岛湖森林覆盖率为百分之九十四点七，全年空气质量达一级的天数近百分之百。湖中因为浮游生物少，湖水清澈如镜，最高能见度可达九米。湖水属于国家一级水体，不用任何处理直接就能达到饮用水的标准，在中国大江大湖中绝对是上等优质水。

经进一步了解，他发现千岛湖的湖水面积达五百七十三平方千米，是西湖的一百〇八倍，库容量达一百七十八亿立方米，是西湖的三千一百八十四倍。望着这一片水量可观的上等好水，钟睒睒激动了。在精心准备后，一九九六年，浙江千岛湖养生堂饮用水有限公司（农夫山泉股份有限公司前身）在千岛湖畔成立。一年后，公司打出了响彻南北的『农夫山泉有点甜』的广告语。

但是因为当时中国纯净水市场竞争已十分激烈，农夫山泉并没有占据较大的市场份额。钟睒睒再次来到湖边，寻求成功的灵感。或许是认识到有如此与众不同的优质水源，产品定位也应该有所不同，钟睒睒抢占了浙江千岛湖二十年的独家开发权，并在积累了一定知名度以后，在二〇〇〇年以『纯净水对健康无益』为由，宣布停止生产纯净水，改产天然水，掀起了一场纯净水与天然水的世纪『水战』。

小贴士：好的广告词能让大家迅速记住一个品牌。除了『农夫山泉有点甜』，你还记得这些吗？

广告词	企业或产品
羊羊羊	恒源祥集团
非一般的感觉	特步集团
一切皆有可能	李宁集团
大家好才是真的好	好迪洗发水
没有最好，只有更好	澳柯玛集团
心有多大，舞台就有多大	CCTV2
钻石恒久远，一颗永流传	戴比尔斯钻石
关爱牙齿，更关心你，是你的益达	益达口香糖
今年过节不收礼，收礼只收脑白金	脑白金

千岛湖

千岛湖边有个农夫山泉

上世纪90年代，一个叫钟睒睒（shǎn）的商人一来到千岛湖，立刻被千岛湖惊呆了。当时的千岛湖森林覆盖率为94.7%，全年空气质量达一级的天数近100%。湖中因为浮游生物少，湖水清澈如镜，最高能见度可达9米。湖水属于国家一级水体，不用任何处理直接就能达到饮用水的标准，在中国大江大湖中绝对是上等优质水。

经进一步了解，他发现千岛湖的湖水面积达573平方千米，是西湖的108倍，库容量达178亿立方米，是西湖的3184倍。望着这一片水量可观的上等好水，钟睒睒激动了。在精心准备后，1996年，浙江千岛湖养生堂饮用水有限公司（农夫山泉股份有限公司前身）在千岛湖畔成立。

一年后，公司打出了响彻南北的“农夫山泉有点甜”的广告语。但是因为当时中国纯净水市场竞争已经十分激烈，农夫山泉并没有占据较大的市场份额。钟睒睒再次来到湖边，寻求成功的灵感。或许是认识到有如此与众不同的优质水源，产品定位也应该有所不同，钟睒睒抢占了浙江千岛湖20年的独家开发权，并在积累了一定知名度以后，在2000年以“纯净水对健康无益”为由，宣布停止生产纯净水，改产天然水，从而掀起了一场纯净水与天然水的世纪“水战”。尽管这遭到了国内很多饮料企业的联手封杀，农夫山泉的生意却因为这个噱头越来越好，并在当时一跃进入了瓶装饮用水市场前三甲。

纯净水是否比不过天然水已经不是重点，重点是千岛湖的水得到了消费者认可。如今，千岛湖的水正被这个“大自然的搬运工”源源不断地抽上来，过滤、包装，然后“搬运”到每一位消费者身边。

康熙说的也不算了

靈隱寺

灵隐寺被誉为杭州第一名刹，历经一千七百多年，曾遭遇过唐末「会昌法难」寺毁僧散的「劫」也经历过南宋高宗孝宗亲自打理寺务的「幸」。寺庙本身已如老僧般波澜不惊，只有一个典故颇为尴尬，那就是康熙曾为寺题字更名为「云林禅寺」，只不过，康熙大帝也有说了不算的时候。

康熙二十八年，康熙大帝游江南时来到杭州灵隐寺，寺中设宴时特许可以饮酒，康熙酒醉微醺的时候，杭州知府提议皇上为灵隐寺题匾留下墨宝，康熙被群臣恭维得不能自已，就欣然答应。可是，题字时康熙却因为酒醉不小心将「靈」字的「雨」字头写得太大，下面无法写下三个「口」和一个「巫」。这时重新题字又有点丢人，索性「雨」字下写了一个「云」，后跟「林禅寺」三字。在场的人不解又不敢说康熙写错了，最后还是康熙自己圆谎说：「寺庙上有祥云，下有佳林，真是悟禅的宝地，所以寺庙不妨更名云林禅寺。」知府与住持只能点头称是，换上新匾。只不过，虽然新名字是康熙帝题的，但上到寺僧，下到百姓依然管这里叫「灵隐寺」，而且沿用至今，真是一点也不给康熙面子。

如今的灵隐寺香火鼎盛且名气更胜从前，寺内寺外景点名胜说不尽道不完，也称得上杭州一大标志了。

灵隐寺

鹫岭郁岧峣，龙宫锁寂寥。
楼观沧海日，门对浙江潮。
桂子月中落，天香云外飘。
扪萝登塔远，刳木取泉遥。
霜薄花更发，冰轻叶未凋。
夙龄尚遐异，搜对涤烦嚣。
待入天台路，看余度石桥。

康熙题字

康熙说的也不算了

灵隐寺被誉为杭州第一名刹，历经一千七百多年，曾遭遇过唐末“会昌法难”寺毁僧散的“劫”，也经历过南宋高宗、孝宗亲自打理寺务的“幸”。寺庙本身已如老僧般波澜不惊，只是有一个典故颇为尴尬，那就是康熙曾为寺题字更名为“云林禅寺”，只不过，康熙大帝也有说了不算的时候。

康熙二十八年，康熙大帝游江南时来到杭州灵隐寺。寺中设宴时特许可以饮酒，康熙酒醉微醺的时候，杭州知府提议皇上为灵隐寺题匾留下墨宝，康熙被群臣恭维得不能自已，就欣然答应。

可是，题字时康熙却因为酒醉不小心将“靈”字的“雨”字头写得太大，下面无法写下三个“口”和一个“巫”，这时重新题字又有点丢人，索性“雨”字下写了一个“云”，后跟“林禅寺”三字。在场的人不解又不敢说康熙写错了，最后还是康熙自己圆谎说：“寺庙上有祥云，下有佳林，真是悟禅的宝地，所以寺庙不妨更名‘云林禅寺’。”知府与住持只能点头称是，换上新匾。只不过，虽然新名字是康熙帝题的，但上到寺僧、下到百姓依然管这里叫“灵隐寺”，而且沿用至今，真是一点也不给康熙面子。

如今的灵隐寺香火鼎盛且名气更胜从前，寺内寺外景点名胜说不尽道不完，也称得上杭州一大标志了。

杭州寺庙

有书记载，老杭州大大小小的寺庙加起来能有五百座，在杭州土著的童年记忆中，寺庙好像是各种画面的背景。过去老杭州人还有个烧『八寺香』的习俗。每年四月初八，大伙带好香纸，到昭庆寺、凤林寺、灵隐寺、净慈寺、海潮寺、定慧寺、大佛寺、清涟寺去烧香，这叫烧外八寺香。等到腊月初八，再去定香寺、华藏寺、祥符寺、白莲花寺、白衣寺、法轮寺、永福寺、天长寺烧香，这叫烧里八寺香。烧香的时候，庙里的善男信女和庙外摊贩人头攒动，场面十分热闹。这些有故事的寺庙，就像老祖母温暖的手，抚慰着每一个前来许愿者的心。

灵顺寺

灵顺寺：建于公元三二六年的灵顺寺是杭州最早的名刹，相传为东晋慧理禅师创建的『五灵』（灵鹫、灵隐、灵峰、灵顺、灵山）之一。但意外的是北宋年间，因寺庙内供奉了『五显财神』曾被当地人称为『财神庙』。大殿匾额上的『天下第一财神庙』几个字是明代著名书画家徐文长的笔墨。现在很多人去进香，以求生意兴隆。

灵隐寺　灵隐寺是杭州最大、最有名气的禅寺，始建于公元三二六年。当时印度僧人慧理来杭，见这里云雾缭绕，好似『仙灵所隐』，就在这里建寺，并取名灵隐。相传济公在此出家，因为这个故事，灵隐寺声名远扬。

永福寺　相传永福寺也是慧理禅师创建。寺内最有名的禅师是明代东皋心越禅师。他曾东渡扶桑，将当时的书画篆刻艺术、琴道、佛法传入日本，被日本尊为『篆刻之父』『近代琴学之祖』和佛教曹洞宗寿昌派开山鼻祖。日本画界、音乐界、宗教界人士经常来永福寺寻根访祖。永福寺算是杭州最国际化的寺庙了。

永福寺位于灵隐寺西约一华里处的石笋峰下

天竺三寺　据记载，东晋年间从西印度而来的慧理和尚登上杭州灵隐、天竺诸峰后，惊讶地感叹道：这不是我天竺国灵鹫山上的峰岭吗？什么时候飞到这里的？从此，这山就名『天竺山』，峰则被称为『飞来峰』，人们把峰南

杭州寺庙

有书记载，老杭州大大小小的寺庙加起来能有500座。在杭州土著的童年记忆中，寺庙好像是各种画面的背景。过去老杭州人还有个烧“八寺香”的习俗。每年四月初八，大伙带好香纸，到昭庆寺、凤林寺、灵隐寺、净慈寺、海潮寺、定慧寺、大佛寺、清涟寺去烧香，这叫烧外八寺香。等到腊月初八，再去定香寺、华藏寺、祥符寺、白莲花寺、白衣寺、法轮寺、永福寺、天长寺烧香，这叫烧里八寺香。烧香的时候，庙里的善男信女和庙外的摊贩人头攒动，场面十分热闹。这些有故事的寺庙，就像老祖母温暖的手，抚慰着每一个前来许愿者的心。

1.灵顺寺

建于公元326年的灵顺寺是杭州最早的名刹，相传为东晋慧理禅师创建的“五灵”（灵鹫、灵隐、灵峰、灵顺、灵山）之一。但意外的是北宋年间，因寺庙内供奉了“五显财神”曾被当地人称为“财神庙”。大殿匾额上的“天下第一财神庙”几个字是明代著名书画家徐文长的笔墨。现在很多人去进香，以求生意兴隆。

2.灵隐寺

灵隐寺是杭州最大、最有名气的禅寺，始建于公元326年。当时印度僧人慧理来杭，见这里云雾缭绕，好似“仙灵所隐”，就在这里建寺，并取名灵隐。相传济公在此出家，因为这个故事，灵隐寺声名远扬。

3.永福寺

相传永福寺也是慧理禅师创建。寺内最有名的禅师是明代东皋心越禅师。他曾东渡扶桑，将当时的书画篆刻艺术、琴道、佛法传入日本，被日本尊为“篆刻之父”“近代琴学之祖”和佛教曹洞宗寿昌派开山鼻祖。日本画界、音乐界、宗教界人士经常来永福寺寻根访祖，永福寺算是杭州最国际化的寺庙了。

4.天竺三寺

据记载，东晋年间从西印度而来的慧理和尚登上杭州灵隐、天竺诸峰后，惊讶地感叹道：这不是我天竺国灵鹫山上的峰岭吗？什么时候飞到这里的？从此，这山就名“天竺山”，峰则被称为“飞来峰”，人们把峰南的三座寺称为“天竺三寺”（上天竺寺、中天竺寺、下天竺寺）。清代爱巡游的乾隆皇帝来此游览后，将其分别命名为“法喜寺”“法净寺”“法镜寺”。但不管名称怎么变，三寺因为地域相近，兴衰与共，已经成为佛徒弟子心中的“天竺佛国”。

的三座寺称为『天竺三寺』(上天竺寺、中天竺寺、下天竺寺)。清代乾隆皇帝来此游览后，将其分别命名为『法喜寺』『法净寺』『法镜寺』。但不管名称怎么变，三寺因为地域相近兴衰与共，已经成为佛徒弟子心中的『天竺佛国』。

法华寺 相传东晋时有个叫昙翼的法师，曾在此诵读《法华经》十二年。普贤菩萨想考验下他，就变成美女深夜入寺『调戏』他。不过昙翼法师很自律，最终考验过关，成为法华寺的开山祖师。

韬光寺 相传唐朝时四川名僧韬光打算辞别师父，去看看外面的世界。临走前师父告诉他『遇天可留，逢巢即止』。他一直没明白。直到韬光游至灵隐巢枸坞，而此时正好白居易(字乐天)在杭州任刺史，韬光认为此情景十分符合师父的话，于是就在此结庵、说法修行。

净慈寺 据说南宋僧人济公在灵隐寺出家后，长期在净慈寺修行，并在净慈寺圆寂，因为关于他的传说大多与净慈寺有关，人们便在寺内塑像供奉。如果你有印象，应该还记得南宋诗人杨万里的那首《晓出净慈寺送林子方》，一句『接天莲叶无穷碧，映日荷花别样红』，说明净慈寺是赏西湖的绝佳去处。

高丽寺 高丽寺的出名和高丽国王子义天分不开。一〇八五年，义天漂洋过海来杭州求佛法，入住慧因寺。回国后，义天将《华严经》三部一百七十卷送与慧因寺，还出资修建了华严经藏经阁及菩萨像等。因他的名气，这里被称为『华严第一道场』。

香积寺 建于北宋时期的香积寺是杭州一带佛教徒从运河到灵隐寺进香的必经之地，在运河以及杭州佛教界地位很高。新修建的香积寺不仅是佛家圣地，还是杭州京杭运河夜景的主角。每到晚上，白塔会被点亮，寺前广场中间地面上的画能发光，图案还会慢慢转变，十分抓人眼球。

5.法华寺

相传东晋时有个叫昙翼的法师，曾在此诵读《法华经》十二年。普贤菩萨想考验下他，就变成美女深夜入寺“调戏”他，不过昙翼法师很自律，最终考验过关，成为法华寺的开山祖师。

6.韬光寺

相传唐朝时四川名僧韬光打算辞别师父，去看看外面的世界。临走前师父告诉他“遇天可留，逢巢即止”，他一直没明白。直到韬光游至灵隐巢枸坞，而此时正好白居易（字乐天）在任杭州刺史，韬光认为此情此景十分符合师父的话，于是就在此结庵，说法修行。

7.净慈寺

据说南宋僧人济公在灵隐寺出家后，长期在净慈寺修行，并在净慈寺圆寂，因为关于他的传说大多与净慈寺有关，人们便在寺内塑像供奉。如果你有印象，应该还记得南宋诗人杨万里的那首《晓出净慈寺送林子方》，一句“接天莲叶无穷碧，映日荷花别样红”，说明了净慈寺是赏西湖的绝佳去处。

8.高丽寺

高丽寺的出名和高丽国王子义天分不开。1085年，义天漂洋过海来杭州求佛法，入住慧因寺。回国后，义天将《华严经》三部170卷送与慧因寺，还出资修建了华严经藏经阁及菩萨像等。因他的名气，这里被称为“华严第一道场”。

9.香积寺

建于北宋时期的香积寺是杭州一带佛教徒从运河到灵隐寺进香的必经之地，在运河以及杭州佛教界地位很高。新修建的香积寺不仅是佛家圣地，还是杭州京杭运河夜景的主角。每到晚上，白塔会被点亮，寺前广场中间地面上的画能发光，图案还会慢慢转变，十分抓人眼球。

与老衲隔湖相望的『美人』

保俶塔

杭州市内有名气的塔着实不少，与众石塔的古朴大气不同，宝石山上的保俶塔显得婷婷婉约，她和雷峰塔隔湖相望，人们看这两座毗邻湖畔又隔湖相望的古塔相伴成趣，于是有了『雷峰似老衲，宝俶如美人』的说法。可惜保俶塔虽美，却没有对面雷峰塔人气高，谁让雷峰塔有白蛇的传说，保俶塔像美人却与美人无缘呢！

据说保俶塔是由五代后周吴延爽建造的。吴延爽是吴越王钱俶的舅舅，当时北宋初建，南唐灭亡之后龟缩南方的小国只剩下吴越国一个。钱俶决定亲身赴险带着全家到洛阳向赵匡胤投诚。眨眼过去了几个月，钱俶音信全无，留在杭州的吴延爽非常焦急，便在佛前许愿：『若佛祖能保佑钱俶安全归来，自己便建塔谢恩。』没想到钱俶果然毫发无伤地回来，虽然吴越国基业不保，却没有伤到国土百姓。吴延爽深感佛祖庇佑，于是在宝石山上建了这座佛塔，并为还愿『佛祖保佑钱俶』一事将塔命名为『保俶塔』。

保俶塔从建造距今已有一千多年的历史，初建时为九层，经历了宋、元、明、清历代六次修缮，而今看到的七层塔身还是一九三三年修葺而成的。人们最喜欢选在清晨时刻，站在断桥边迎着彩霞浮云，看保俶塔如美人般随朝阳苏醒，相信这也是她最美的时候。

保俶塔的"俶"怎么读？"俶"这个字从古到今有三个音"chù"、"shū"和"tì"，保俶塔的"俶"读作"chù"。东汉《说文解字》中认为俶是善良的意思，应读作"shū"。但钱俶是北宋的"天下兵马大元帅"，他的名字在宋朝的权威资料《宋本广韵》里读作"chù"。至于"tì"音，倜傥通俶傥，大概从此而来。

与老衲隔湖相望的“美人”

杭州市内有名气的塔着实不少，与众石塔的古朴大气不同，宝石山上的保俶塔显得婷婷婉约，她和雷峰塔隔湖相望，人们看这两座毗邻湖畔又隔湖相望的古塔相伴成趣，于是有了“雷峰似老衲，宝俶如美人”的说法。可惜保俶塔虽美，却没有对面雷峰塔人气高，谁让雷峰塔有白蛇的传说，保俶塔像美人却与美人无缘呢！

据说保俶塔是由五代后周吴延爽建造的。吴延爽是吴越王钱俶的舅舅，当时北宋初建，南唐灭亡之后，龟缩南方的小国只剩下吴越国一个。钱俶决定亲身赴险，带着全家到洛阳向赵匡胤投诚。眨眼过去了几个月，钱俶音信全无，留在杭州的吴延爽非常焦急，便在佛前许愿：“若佛祖能保佑钱俶安全归来，自己便建塔谢恩。”没想到钱俶果然毫发无伤地回来，虽然吴越国基业不保，却没有伤到国土百姓。吴延爽深感佛祖庇佑，于是在宝石山上建了这座佛塔，并为还愿“佛祖保佑钱俶”一事，将塔命名为“保俶塔”。

保俶塔从建造距今已有一千多年的历史，初建时为九层，经历了宋、元、明、清历代六次修缮，而今看到的七层塔身还是1933年修葺而成的。

人们最喜欢选在清晨时刻，站在断桥边迎着彩霞浮云，看保俶塔如美人般随朝阳苏醒，相信这也是她最美的时候。

小贴士：

保俶塔的“俶”怎么读?

“俶”这个字从古到今有三个音：“chù”“shū”和“tì”，保俶塔的“俶”读作“chù”。东汉《说文解字》中认为俶是善良的意思，应读作“shū”。但钱俶是北宋的“天下兵马大元帅”，他的名字在宋朝的权威资料《宋本广韵》里读作“chù”。至于“tì”音，倜傥通俶傥，大概从此而来。

六和塔：杭州城的守护『将军』

有人说：杭州城的三座名塔各有特色：雷峰塔如老衲，无欲无求；保俶塔如美人，风姿绰约；六和塔像将军，守土保家。千年以来，六和塔默默地矗立在钱塘江边，经历数次战火摧残，几回翻修重建，仍然顽强挺立。也许这座塔真是杭州城的守护『将军』。

据说六和塔因六和而建。六和是钱塘江上渔民的儿子，那时的钱塘江有龙王经常作怪，掀起大潮吞没田地和百姓。某次龙王吞了六和的母亲，六和便日夜投石填江，龙王被搅得不得安宁，最终放回了他的母亲并承诺不再掀起江潮。后来，当地人建起六和塔纪念六和。虽然这个故事只是传说，但六和塔最初建立的目的确实是为了镇住钱塘江潮。宋朝以前，钱塘江经常泛滥，六和塔建成后，江潮归于平静，乖乖地沿着江道流动。虽然江边平静了，但钱塘江上仍然浪潮汹涌，许多出航的船只迷失方向，被浪潮掀翻。后来，六和塔顶悬起明灯，肩负了指路灯塔的职责，为晚归的船只指引方向。钱塘江上的船只有了六和塔的保护，安全性大大提升。

北宋初年，六和塔遭遇雷击，几乎全部损毁，后来又历经数个朝代，多次修缮，最终建成今日的木质结构，『七明六暗』格局。说六和塔是杭州城的守护『将军』，不只因为它镇住了钱塘江潮，守护着江上船只平安通行，更因为它的坚不可摧，如将军般铁骨铮铮。

CHINA 50分
中国邮政

清乾隆皇帝在六和塔每层题字立匾：一层：初地坚固，二层：二谛俱融，三层：三明净域，四层：四天宝钢，五层：五云覆盖，六层：六鳌负载，七层：七宝庄严。

推荐游西湖路线

从断桥出发，途经白堤，平湖秋月，孤山公园（西泠印社）（浙江省博物馆）（秋瑾墓），岳王庙，游览苏堤（曲院风荷）（花港观鱼）（三潭映月）南屏晚钟，雷峰塔，再折回走杨公堤返回。

断桥残雪
白堤
平湖秋月
孤山公园
岳王庙
杨虎城故居
三潭映月
苏堤
锦绣西湖
雷峰塔
南屏晚钟

游览西湖推荐路线图

六和塔：杭州城的守护“将军”

有人说：杭州城的三座名塔各有特色，雷峰塔如老衲，无欲无求；保俶塔如美人，风姿绰约；六和塔像将军，守土保家。千年以来，六和塔默默地矗立在钱塘江边，经历数次战火摧残，几回翻修重建，仍然顽强挺立，也许这座塔真是杭州城的守护“将军”。

据说六和塔因六和而建。六和是钱塘江上渔民的儿子，那时的钱塘江有龙王经常作怪，掀起大潮吞没田地和百姓。某次龙王吞了六和的母亲，六和便日夜投石填江，龙王被搅得不得安宁，最终放回了他的母亲，并承诺不再掀起江潮。后来，当地人建起六和塔纪念六和。虽然这个故事只是传说，但六和塔最初建立的目的确实是为了镇住钱塘江潮。

宋朝以前，钱塘江经常泛滥，六和塔建成后，江潮归于平静，乖乖地沿着江道流动。虽然江边平静了，但钱塘江上仍然浪潮汹涌，许多出航的船只迷失方向，被浪潮掀翻。后来，六和塔顶悬起明灯，肩负了指路灯塔的职责，为晚归的船只指引方向。钱塘江上的船只有了六和塔的保护，安全性大大提升。

北宋初年，六和塔遭遇雷击，几乎全部损毁，后来又历经数个朝代，多次修缮，最终建成今日的木质结构，“七明六暗”格局。说六和塔是杭州城的守护“将军”，不只因为它镇住了钱塘江潮，守护着江上船只平安通行，更因为它的坚不可摧，如将军般铁骨铮铮。

小贴士：

六和塔的匾

清朝乾隆皇帝在六和塔每层题字立匾。一层：初地坚固，二层：二谛俱融，三层：三明净域，四层：四天宝钢，五层：五云覆盖，六层：六鳌负载，七层：七宝庄严。

『天目琼花』相当于半个皇帝

年代、人物	北宋，张问	北宋，王禹偁	清，杜游
作品	《琼花赋》	《后土庙琼花诗序》	《琼花记》
简要内容	俪靓容于茉莉，笑玫瑰于尘凡，惟水仙可并其幽闲，而江梅似同其清淑。	扬州后土庙有花一株，洁白可爱，且其树大而繁，不知实何木也，俗谓之琼花。	宋朝时金兵南下侵略，扬州琼花也成了他们的掠夺目标，大棵的连根拔去，挖不尽的齐土铲平。

汉代的时候这里就叫天目山了，东西两边的山顶各有一个水池，就像一对眼睛一直看着这个世界。

天目琼花果实

如今，天目山被称为『植物基因宝库』，山上奇花异草无数，而『天目琼花』更是其中翘楚，因为它的价值是半副金銮驾。

据说宋朝末年时皇帝和太后都喜欢花卉，一年四季民间都会向皇宫进献各种花朵取『花样翻新』的良好寓意。某一年天目山寺的和尚在春季向皇宫进献了一株『天目花』，并告诉官员，这天目花可以盛开两季。官员说就算花卉盛开两季，第二季也得换掉，这样才算『花样翻新』。和尚听后笑而不语。原来天目花夏季是黄白色的碎花，远观有一种金黄色的华贵，近看又有纯白色的清丽。到了秋季花谢之后花柱上又会迅速长出火红色的果实，远观就像一朵正红的花卉，以果代花比花还美。天目花的特点一下就在皇宫传开，太后和皇帝都很喜欢，最后皇帝赐给天目山寺『半副銮驾』作为奖赏。一时间，天目花、天目山、天目山寺名声大作，世人称赞这盆配得半副銮驾的花卉定是有半个皇帝的尊贵。

天目琼花最早就是在天目山发现的，一开始命名为『天目花』，也是因为『进京献王』的典故，取『京』『王』后加了个『琼』字，所以来到天目山一定要带走几朵，这可是半个皇帝呢。

天目琼花
别名鸡树条荚蒾，鸡树条，佛头花，取嫩枝叶三至四钱（鲜用五钱至一两）水煎服，可治疗"闪腰岔气"；取枝叶及果实煎水后清洗，可治疗疮疖、疥癣、瘙痒等。

僧人进献天目琼花

“天目琼花”相当于半个皇帝

汉代的时候这里就叫天目山了，东西两边的山顶各有一个水池，就像一对眼睛一直看着这个世界。如今，天目山被称为“植物基因宝库”，山上奇花异草无数，而“天目琼花”更是其中翘楚，因为它的价值是半副金銮驾。

据说宋朝末年时皇帝和太后都喜欢花卉，一年四季民间都会向皇宫进献各种花朵，取“花样翻新”的良好寓意。某一年，天目山寺的和尚在春季向皇宫进献了一株“天目花”，并告诉官员，这天目花可以盛开两季。官员说就算花卉盛开两季，第二季也得换掉，这样才算“花样翻新”，和尚听后笑而不语。

原来天目花夏季是黄白色的碎花，远观有一种金黄色的华贵，近看又有纯白色的清丽。到了秋季花谢之后，花柱上又会迅速长出火红色的果实，远观就像一朵正红的花卉，以果代花，比花还美。天目花的特点一下就在皇宫传开，太后和皇帝都很喜欢，最后皇帝赐给天目山寺“半副銮驾”作为奖赏。一时间，天目花、天目山、天目山寺名声大作，世人称赞这赢得半副銮驾的花卉，定是有半个皇帝的尊贵。

天目琼花最早就是在天目山发现的，一开始命名为“天目花”，也是因为“进京献王”的典故，取“京”“王”后加了个“琼”字，所以来到天目山一定要带走几朵，这可是半个皇帝呢。

小贴士：

古人喜爱天目琼花的记载

年代	北宋	北宋	清
人物	张问	王禹偁	杜游
作品	《琼花赋》	《后土庙琼花诗·序》	《琼花记》
简要内容	俪靓容于茉莉，笑玫瑰于尘凡，惟水仙可并其幽闲，而江梅似同其清淑。	扬州后土庙有花一株，洁白可爱，且其树大而花繁，不知实何木也，俗谓之琼花。	宋高宗时金兵南下侵略，扬州琼花也成了他们的掳掠目标，大棵的连根拔去，挖不尽的齐土铲平。

乾隆不让这儿叫『大青谷』

大清谷最早的时候叫作『大青谷』，这可是有出处的。《西溪百咏》里记载：此地山田石涧，径竹岩松，蔚然森秀，远望一片青，故名大青。然而为什么『大青』要『大清』了？这还得从清朝乾隆大帝说起。

据说乾隆下江南的时候来到杭州游西湖，某次闲步走到了这处山谷，深感山谷处景色秀美，于是就问随行侍从这里是何处。侍从把《西溪百咏》里的出处一说，本以为乾隆老爷子能高兴，谁知道当听到『故名大青』的时候，乾隆眉毛突然立起来了。乾隆不悦地问道：『你们可知，「普天之下莫非王土，率土之滨莫非王臣」这句话？』侍从们连忙称是。乾隆又说道：『如今本朝日益昌盛，这处叫「大青」而不叫「大清」，是表示不屑于我大清朝，还是寓意我大清朝水源竭尽啊？』乾隆此话一出，随行一众马上跪下喊『臣罪该万死』。最后乾隆命人取笔墨将此处改为『大清谷』。当地官员听闻这一讯息，生怕皇帝再遇见『大青』冠名的地方而迁怒自己，连忙把山谷四周的村落、小溪改名为『大清村』『大清溪』……而这些名字也一直被沿用至今。

人非昨日，山水永固。现在的大清谷可不是大清朝的了，来这里可以吃农家菜，赏自然景，玩现代娱乐设施，更被誉为『天堂里的世外桃源』。

乾隆诗一首：

红叶

迭嶂青云放晚晴，
乍看红叶一枝横。
徘徊体物难成句，
几点玫瑰衬绿琼。

大清谷

乾隆不让这儿叫“大青谷”

大清谷最早的时候叫作“大青谷”，这可是有出处的。《西溪百咏》里记载：此地山田石涧，径竹岩松，窈然森秀，远望一片青，故名大青。然而为什么“大青”变“大清”了？这还得从清朝乾隆大帝说起。

据说乾隆下江南的时候来到杭州游西湖，某次闲步走到了这处山谷，深感山谷处景色秀美，于是就问随行侍从这里是何处。侍从把《西溪百咏》里的出处一说，本以为乾隆老爷子能高兴，谁知道当听到“故名大青”的时候，乾隆眉毛突然立起来了。乾隆不悦地问道：“你们可知，‘普天之下莫非王土，率土之滨莫非王臣’这句话？”侍从们连忙称是。乾隆又说道：“如今本朝日益昌盛，这处叫‘大青’而不叫‘大清’，是表示不属于我大清朝，还是寓意我大清朝水源竭尽啊？”乾隆此话一出，随行一众马上跪下喊“臣罪该万死”，最后乾隆命人取笔墨，将此处改为“大清谷”。

当地官员听闻这一讯息，生怕皇帝再遇见“大青”冠名的地方而迁怒自己，连忙把山谷四周的村落、小溪改名为“大清村”“大清溪”……而这些名字也一直被沿用至今。

人非昨日，山水永固。现在的大清谷可不是大清朝的了，来这里可以吃农家菜、赏自然景、玩现代娱乐设施，更被誉为“天堂里的世外桃源”。

飞来峰帮济公抢人家媳妇

杭州灵隐寺前的石山名叫飞来峰，很多人一听这个名字就会问：『这山难道是从天外飞过来的？』传说这座山峰不但是飞来的，飞来的时候还帮济公抢了人家的媳妇。

据说济公刚在灵隐寺挂单的时候，寺前是一座小村庄，并没有山峰。济公作为一个和尚却整日喝酒吃肉、疯疯癫癫，所以村子里的百姓都不待见他。然而有一日济公算出天庭花园有块石头将从天上掉下来化成一座山而山峰掉落的地方正好是在灵隐寺前的那个村庄。救人心切的济公马上去村里劝说村民离开村子，但村民看济公平日疯疯癫癫的，都没相信他。眼看时间来不及，着急的济公看到村里的迎亲队伍，有了主意。济公跟着迎亲队伍跑到正在成亲的那家，进入人群抱起新娘就跑。大家一看新娘子被抢走了，于是全村发动整个村的人都拿着扫帚、木棒追打济公。就在全村人跑出村子的时候，一座山峰从天而降，把整个村子都压在了山下。村民们这才反应过来，原来济公是在救大家！为表达谢意，村民们纷纷拿着酒肉来见济公。济公还不忘自嘲：『多谢这山峰帮我，不然我都没机会抢人家媳妇！』当然，那新娘早已和新郎完婚了。

飞来峰不但自己有传奇故事，山上的奇石奇洞也有很多轶事。怪不得大诗人苏轼都说：『溪山处处皆可庐，最爱灵隐飞来峰。』

飞来峰

济公抢新娘

飞来峰名字由来的另一个版本，相传东晋年间，印度和尚慧理云游到此，看见这怪石嶙峋的山，惊叹道：“这不是我们天竺(印度)国的灵鹫峰吗？为啥飞到这里来了？”飞来峰的名字由此而来。他觉得这山和自己有缘，于是在山下建寺，也就是灵隐寺。

飞来峰帮济公抢人家媳妇

杭州灵隐寺前的石山名叫飞来峰，很多人一听这个名字就会问："这山难道是从天外飞过来的？"传说，这座山峰不但是飞来的，飞来的时候还帮济公抢了人家的媳妇。

据说济公刚在灵隐寺挂单的时候，寺前是一座小村庄，并没有山峰。济公作为一个和尚却整日喝酒吃肉、疯疯癫癫，所以村子里的百姓都不待见他。然而有一日，济公算出天庭花园有块石头将从天上掉下来化成一座山，而山峰掉落的地方正好是在灵隐寺前的那个村庄。救人心切的济公马上去村里动员村民离开村子，但村民看济公平日疯疯癫癫的，都没相信他。眼看时间来不及，着急的济公看到村里的迎亲队伍，有了主意。

济公跟着迎亲队伍跑到正在成亲的那家，进入人群抱起新娘就跑。大家一看新娘子被抢走了，于是全村发力，整个村的人都拿着笤帚、木棒追打济公。就在全村人跑出村子的时候，一座山峰从天而降，把整个村子都压在了山下。村民们这才反应过来，原来济公是在救大家！为表达谢意，村民纷纷拿着酒肉来见济公。济公还不忘自嘲："多谢这山峰帮我，不然我都没机会抢人家媳妇！"当然，那新娘早已和新郎完婚了。

飞来峰不但自己有传奇故事，山上的奇石奇洞也有很多轶事。怪不得大诗人苏轼都说："溪山处处皆可庐，最爱灵隐飞来峰。"

小贴士：

飞来峰名字由来的另一个版本

相传东晋年间，印度和尚慧理云游到此，看见这怪石嶙峋的山，惊叹道："这不是我们天竺（印度）国的灵鹫峰吗？为啥飞到这里来了！""飞来峰"的名字由此而来。他觉得这山和自己有缘，于是在山下建了寺，也就是灵隐寺。

虎跑泉水配龙井茶才叫享受

据说唐名将李泌在南岳练童子功之地有泉水，故名童子泉，饮之有奇效。

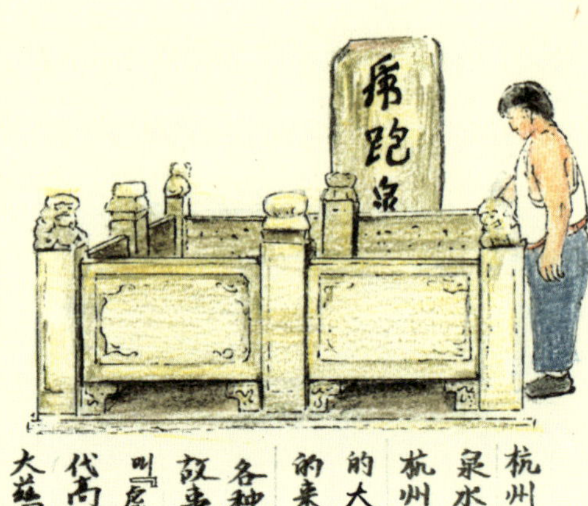

杭州『双绝』—虎跑泉水和龙井茶，是杭州人才能享受到的大自然恩赐，它们的来历都被编成了各种各样的传奇故事。虎跑泉原来叫『虎刨泉』。据说唐代高僧性空准备在大慈山下修建庙宇。可惜这里水源短缺，寺里的和尚要打水需要到两里地外的水圳去挑，和尚们纷纷准备放弃，就连性空法师都准备迁走。在搬迁的前夜，性空做了一个怪梦，梦中有两只斑斓猛虎驮着一童子落到在建的寺庙旁，两虎奋力刨地，不一会儿竟然刨出了一汪清泉。有个声音说：『二虎驮来南岳童子泉，快起来迎接吧。』梦醒后性空赶紧叫住了正在整理行囊的和尚们，大家聚在寺门口空地上等待，果然，不一会便有两虎凌空落下。如梦中所示刨出了泉眼。性空喜出望外，很快建起了寺庙，还把泉眼命名为『虎刨泉』，后来改为『虎跑泉』。由于虎跑泉越来越出名，寺庙的名称也渐渐变为『虎跑寺』。

杭州的虎跑泉水非常特别，水质厚重，表面有张力，最适宜沏茶。在碗里倒上泉水高出碗口三毫米也不会溢出，把镍币轻轻置于水面也不会下沉。发现了这一特性的茶客们用虎跑泉的水冲泡杭州出产的龙井茶，结果二者相得益彰。

当然，『二虎刨泉』只是传说。虎跑泉是从大慈山后断层陡壁砂岩石英砂中渗出的地下水。传说赋予了它神秘的色彩，也成就了『杭州二绝』。

①听泉，在园门内甬道。
②静泉，在天王殿。
③赏泉，在叠翠轩，临泉池。
④试泉，在试泉台。
⑤寻泉，在滴翠岩下。
⑥品泉，在园林茶室。

虎跑泉水配龙井茶才叫享受

杭州“双绝”——虎跑泉水和龙井茶，是杭州人才能享受到的大自然恩赐。它们的来历都被编成了各种各样的传奇故事。虎跑泉原来叫“虎刨泉”。据说唐代高僧性空准备在大慈山下修建庙宇，可惜这里水源短缺，寺里的和尚要打水需要到两里地外的水圳去挑，和尚们纷纷准备放弃，就连性空法师都准备迁走。

在搬迁的前夜，性空做了一个怪梦，梦中有两只斑斓猛虎驮着一童子落到在建的寺庙旁，两虎奋力刨地，不一会儿竟然刨出了一汪清泉。有个声音说：“二虎驮来南岳童子泉，快起来迎接吧。”梦醒后，性空赶紧叫住了正在整理行囊的和尚们，大家聚在寺门口空地上等待。果然，不一会便有两虎凌空落下，如梦中所示刨出了泉眼。性空喜出望外，很快建起了寺庙，还把泉眼命名为“虎刨泉”，后来改为“虎跑泉”。由于虎跑泉越来越出名，寺庙的名称也渐渐变为了“虎跑寺”。

杭州的虎跑泉水非常特别，水质厚重，表面有张力，最适宜沏茶。在碗里倒上泉水，高出碗口3毫米也不会溢出；把镍币轻轻置于水面，也不会下沉。发现了这一特性的茶客们用虎跑泉的水冲泡杭州出产的龙井茶，结果二者相得益彰。

当然，“二虎刨泉”只是传说。虎跑泉是从大慈山后断层陡壁砂岩、石英砂中渗出的地下水，传说赋予了它神秘的色彩，也成就了“杭州二绝”。

小贴士：

虎跑泉“观泉六步”

①听泉，在园门内甬道。

②释泉，在天王殿。

③赏泉，在叠翠轩，临泉池。

④试泉，在试泉台。

⑤寻泉，在滴翠岩下。

⑥品泉，在园林茶室。

昔日各司其职的『杭城十门』

南宋十门地图

杭州城有着一千四百多年的历史，从繁华的南宋都城，到秩序稳定的明清古城，再到如今的『天堂之都』杭州魅力依旧。然而杭州城本身因四周地貌物产差异，昔日在城郭四周共开了十个城门，十个城门迎接南来北往的人们，也体现着杭州本土的风物，老杭州人将其编成杭曲小调，传唱至今。

『钱塘门外香篮儿』。

钱塘门建于南宋绍兴十八年，自杭州城有这座城门开始，它就没有换过名字，也没有挪过地方，屹立在此陪伴着这座城池。要去杭州香火最为鼎盛的灵隐、天竺等寺，都要从这座城门出去，所以香客们挎篮持香进进出出，就是这座城门的不二标志。

『涌金门外划船儿』。

涌金门是钱镠筑造杭州城墙时所建，算是年龄最长、资格最老的城门了。从涌金门出杭州离西湖最近，所以乘船游西湖的人们都从这座门出入，而船家也都聚集在这里停船，所以才有了这句小调。

『清波门外柴担儿』。

清波门建于南宋，当时俗称暗门，其通往杭州南边的山林，杭州城内的柴薪木材多在南山砍伐，所以不少打柴人早上空手出门，晚上负柴进门。

『凤山门外跑马儿』。

凤山门外直通万松岭，是骑马郊游的好去处，更是古代皇家『秋闱』的必选之地，骑着骏马驰骋别有一番滋味。

『候潮门外酒坛儿』。

杭州自古是才子聚集的地方，吟诗作词少不了美酒助兴，而杭州本地常年从绍兴引进美酒，走的就是这候潮门。据说曾有王侯将相如潮水般拥堵在门外，就是为了能够最先挑选美酒，持美酒入杭州赏景，这才有了『候潮』二字。

『望江门外菜担儿』。

望江门外地势平坦，由泥沙淤积而成的土地格外肥沃，所以杭州人选择在此农耕种菜，也是杭州城内美食材料的重要来源。

『清泰门外盐担儿』。

清泰门在杭州正东，旧时人们在此蒸煮海盐。据说战乱时期食盐紧缺，杭州凭借这里私人煮盐，多次救城内百姓于危难。

柴禾

昔日各司其职的“杭城十门”

杭州城有着1400多年的历史，从繁华的南宋都城，到秩序稳定的明清古城，再到如今的“天堂之都”，杭州魅力依旧。然而杭州城本身因四周地貌物产差异，昔日在城郭四周共开了十个城门，十个城门迎接南来北往的人们，也体现着杭州本土的风物，老杭州人将其编成杭曲小调，传唱至今。

“钱塘门外香篮儿”。钱塘门建于南宋绍兴十八年，自杭州城有这座城门开始，它就没有换过名字，也没有挪过地方，屹立在此陪伴着这座城池。要去杭州香火最为鼎盛的灵隐、天竺等寺，都要从这座城门出去，所以香客们挎篮持香进进出出，就是这座城门的不二标志。

“涌金门外划船儿”。涌金门是钱镠筑造杭州城墙时所建，算是年龄最长、资格最老的城门了。从涌金门出杭州离西湖最近，所以乘船游西湖的人们都从这座门出入，而船家也都聚集在这里停船，所以才有了这句小调。

“清波门外柴担儿”。清波门建于南宋，当时俗称暗门，其通往杭州南边的山林，杭州城内的柴薪木材多在南山砍伐，所以不少打柴人早上空手出门，晚上负柴进门。

“凤山门外跑马儿”。凤山门外直通万松岭，是骑马郊游的好去处，更是古代皇家“秋闱”的必选之地，骑着骏马驰骋别有一番滋味。

“候潮门外酒坛儿”。杭州自古是才子聚集的地方，吟诗作词少不了美酒助兴，而杭州本地常年从绍兴引进美酒，走的就是这候潮门。据说曾有王侯将相如潮水般拥堵在门外，就是为了能够最优先挑选美酒，持美酒入杭州赏美景，这才有了“候潮”二字。

“望江门外菜担儿”。望江门外地势平坦，由泥沙淤积而成的土地格外肥沃，所以杭州人选择在此农耕种菜，也是杭州城内美食材料的重要来源。

“清泰门外盐担儿”。清泰门在杭州正东，旧时人们在此蒸煮海盐。据说战乱时期食盐紧缺，杭州凭借这里私人煮盐，多次救城内百姓于危难。

『庆春门外粪担儿』。

庆春门是不太受杭州百姓喜爱的一座城门，但又是杭州不可缺少的一座城门。

『艮山门外丝篮儿』。

杭州丝绸自宋代就闻名遐迩，据说最早是一位老人遵循『户种桑三里可衣』的古训，在杭州北面种桑养蚕，之后杭州竟发展成丝织业兴盛之地。明清杭州鼎盛时期，艮山门外可谓『机杼之声，比户相闻』。

『武林门外鱼担儿』。

杭州东南西三面分别是流沙河、钱塘江西湖，所以淡水水产丰富，而武林门则是昔日杭州淡水鱼的集散地。据说杭州著名的『西湖醋鱼』都是在这里挑选原料，很多食府为了抢夺优良食材不惜大打出手，这才有了『武林』的戏称。

如今『杭城十门』早已不复存在，大多数被拆除打通，也有几座城门保留了遗址，但这首杭曲小调依然被当地老人们传唱着。十座城门如同十个守护杭州的侍卫，他们曾各司其职，辅助杭州一步步变得更好，当他们功成就悄然身退，但杭州不会忘记他们。

涌金门外划船儿

杭城十门顺口溜

武林门外鱼担儿，艮山门外丝篮儿，
凤山门外跑马儿，清泰门外盐担儿，
望江门外菜担儿，候潮门外酒坛儿，
清波门外柴担儿，涌金门外划船儿，
钱塘门外香篮儿，庆春门外粪担儿。

折城门

光绪年间，由于建设沪杭铁路，铁路从东城墙穿城过，因此清泰门、武林门、凤山门相继被拆除，民国初，钱塘、涌金、清波等门又被拆毁，一九五九年，因建环城东路，最后一段城墙被拆除，八个老城门成为历史。

钱塘门

“庆春门外粪担儿”。庆春门是不太受杭州百姓喜爱的一座城门，但又是杭州不可缺少的一座城门。

“艮山门外丝篮儿”。杭州丝绸自宋代就闻名遐迩，据说最早是一位老人遵循“一户种桑，三里可衣”的古训，在杭州北面种桑养蚕，之后杭州竟发展成丝织业兴盛之地。明清杭州鼎盛时期，艮山门外可谓“机杼之声，比户相闻”。

“武林门外鱼担儿”。杭州东、南、西三面分别是流沙河、钱塘江、西湖，所以淡水水产丰富，而武林门则是昔日杭州淡水鱼的集散地。据说杭州著名的“西湖醋鱼”都是在这里挑选原料，很多食府为了抢夺优良食材不惜大打出手，这才有了“武林”的戏称。

如今“杭城十门”早已不复存在，大多数被拆除扩道，也有几座城门保留了遗址，但这首杭曲小调依然被当地老人们传唱着。十座城门如同十个守护杭州的侍卫，他们曾各司其职，辅助杭州一步步变得更好，当他们功成之时就悄然身退，但杭州不会忘记他们。

陆游保住了孩儿巷

南宋时期有种叫『摩侯罗』的七夕节玩具，是以土、木蜡雕刻成孩童形状，用来祈求送子的吉祥物。雕刻『摩侯罗』的匠人们居住的巷子叫『泥孩儿巷』，元朝时改名『孩儿巷』。孩儿巷曾有一位名人居住，那就是陆游。

一一八八年，陆游来到临安（今杭州）任军器少监，住在孩儿巷。他以为皇帝有意北伐，主动上书陈述自己的北伐见解，却被皇帝三言两语打发回去，让陆游闲暇之余『赋咏自适』。陆游满腔的报国热血被一盆冷水浇灭。第二年，陆游真的写了一首脍炙人口的诗《临安春雨初霁》，其中有一句『小楼一夜听春雨，深巷明朝卖杏花』说的就是现在孩儿巷九十八号的居所。

虽然，陆游在杭州的时间并不长，但孩儿巷九十八号老建筑得以保存却多亏了他的庇护。

一九九八年，孩儿巷九十八号面临拆迁，一所中学要用这块地建操场。当时的屋主钱希尧为了保住祖屋，挂出了『陆游故居』的招牌，杭州市的数千市民力挺钱希尧，纷纷联名上书。没想到最终，法院还是判决老宅拆迁，这个消息传开后在全国引起了轩然大波。一大波权威学者国内外专家、文物爱好者相继来到杭州孩儿巷实地考察。在各方人士的共同努力下，经过三年的拉锯战，孩儿巷九十八号终于免于拆迁，还被设为『陆游纪念馆』。

虽然相隔近千年，但陆游的名声仍然保住了孩儿巷。不得不说杭州城受古人恩惠颇多。

『孩儿巷』还是『害儿巷』？以前巷子里住着一对母子，儿子从小偷盗，母亲不但不责备，反而夸儿子会顾家。后来儿子成了大盗，被官府抓住判处斩首。临刑前，儿子乞求再吃口娘的奶，母亲便撩起衣衫，没想到儿子竟然发狠将奶头咬下。最终，儿子被斩首，母亲也随之悬梁自尽。人们把这条巷子叫作『害儿巷』，后来才改叫『孩儿巷』。

陆游题诗

世味年来薄似纱，谁令骑马客京华。
小楼一夜听春雨，深巷明朝卖杏花。

陆游保住了孩儿巷

南宋时期，有种叫“摩侯罗”的七夕节玩具，是以土、木、蜡雕刻成孩童形状，用来祈求送子的吉祥物。雕刻“摩侯罗”的匠人们居住的巷子就叫“泥孩儿巷”，元朝时改名“孩儿巷”。孩儿巷曾有一位名人居住，那就是陆游。

1188年，陆游来到临安（今杭州）任军器少监，住在孩儿巷。他以为皇帝有意北伐，主动上书陈述自己的北伐见解，却被皇帝三言两语打发回去，让陆游闲暇之余“赋咏自适”。陆游满腔的报国热血被一盆冷水浇灭，第二年，陆游真的写了一首脍炙人口的诗《临安春雨初霁》，其中有一句“小楼一夜听春雨，深巷明朝卖杏花”说的就是现在孩儿巷98号的居所。

虽然陆游在杭州的时间并不长，但孩儿巷98号老建筑得以保存却多亏了他的庇护。

1998年，孩儿巷98号面临拆迁，一所中学要用这块地建操场。当时的屋主钱希尧为了保住祖屋，抬出了“陆游故居”的招牌，杭州市的数千市民力挺钱希尧，纷纷联名上书。没想到最终法院还是判决老宅拆迁，这个消息传开后在全国引起了轩然大波。一大波权威学者、国内外专家、文物爱好者相继来到杭州孩儿巷实地考察。在各方人士的共同努力下，经过三年的拉锯战，孩儿巷98号终于免于拆迁，还被设为“陆游纪念馆”。

虽然相隔近千年，但陆游的名声仍然保住了孩儿巷。不得不说，杭州城受古人恩惠颇多。

小贴士：

“孩儿巷”还是“害儿巷”？

以前，巷子里住着一对母子，儿子从小偷盗，母亲不但不责备，反而夸儿子会顾家。后来，儿子成了大盗，被官府抓住判处斩首。临刑前，儿子乞求再吃口娘的奶，母亲便撩起衣衫，没想到儿子竟发狠将奶头咬下。最终，儿子被斩首，母亲也随之悬梁自尽。人们把这条巷子叫作“害儿巷”，后来才改叫“孩儿巷”。

常用词	狗屁不通	嫁鸡随鸡嫁狗随狗	三个臭皮匠顶个诸葛亮
实际词	狗皮不通	嫁乞随乞嫁叟随叟	三个臭裨将顶个诸葛亮
意义	狗皮流不出汗液所以不通	嫁给乞丐或者老头，都要相从。	裨将：副将参谋。三个参谋的智慧超过孔明。

没人愿意走的豆腐桥

提起杭州的三座『豆腐桥』可谓是家喻户晓，这『哥仨儿』都是南宋时期的古桥。可杭州人有时哪怕绕远也要从另一座安乐桥上过河，这是为何？欲讲豆腐桥，先说安乐桥。南宋大将王佐为了击退金兵，设苦肉计砍掉自己只胳膊，换来了抗金大捷。皇帝封他为『安乐王』，要在杭州给他建一座王府。建府期间，工匠们运送泥沙木材都要过一条河，可这条河上没有桥。每次运输只能靠小船渡河，这就增加了许多工作量，怨声载道的工匠们编了一首歌谣来诉苦：『安乐王，安乐王，为你安乐大家忙！』王佐来到杭州后知道因为自己的宅院而让百姓受苦，心里非常自责，就自己掏腰包在这条河上修建了一座桥方便百姓渡河。百姓感激王佐，将这座桥命名为安乐桥，又编了一首歌谣『安乐王，好心肠，造座大桥通四方』来称赞王佐。

秦桧听到这个歌谣就不高兴了，心想：自己这么大的官都没有歌谣称颂，王佐建一座桥就赢得了民心。他建一座，我建三座。于是下令在杭州同一条河上再建三座石桥，而且一座比一座好，命名为『斗富一桥、二桥、三桥』。一条河上建三座桥，就像一碗饭上面搁三双筷子，而且人家王佐是自己掏钱，秦桧却是劳民伤财，百姓心里有怨气，所以即使三座斗富桥建好，他们也不愿意从桥上走。杭州话『斗富』和『豆腐』谐音，加上百姓心中对秦桧的厌恶，三座桥千年以来被冠以『豆腐』之名。去除秦桧本身的负面影响不提，再好的事情也不能太多，过犹不及的道理就是如此。

豆腐桥施工图

豆腐桥传说

关于豆腐桥，杭州旧时有民谣流传："一桥二桥水不流，三桥桥畔多泊舟。侬情常如江上水，愿郎归住断河头。"

豆腐桥另一个传说：当年张三丰来到福泉的福泉山修炼，当他下山时看见要渡河的人太多，但只有三条小船供他们摆渡，于是用豆腐造了三座桥，并用点石术把桥变成石头，命名为窦浮桥，因口音不同，所以当地人称作豆腐桥。

没人愿意走的豆腐桥

提起杭州的三座“豆腐桥”可谓是家喻户晓，这“哥仨儿”都是南宋时期的古桥，可杭州人有时哪怕绕远，也要从另一座安乐桥上过河，这是为何?

欲讲豆腐桥，先说安乐桥。南宋大将王佐为了击退金兵，设苦肉计砍掉自己一只胳膊，换来了抗金大捷，皇帝封他为“安乐王”，要在杭州给他建一座王府。建府期间，工匠们运送泥沙木材都要过一条河，可这条河上没有桥，每次运输只能靠小船渡河，这就增加了许多工作量，怨声载道的工匠们编了一首歌谣来诉苦：“安乐王，安乐王，为你安乐大家忙！”王佐来到杭州后知道因为自己的宅院而让百姓受苦，心里非常自责，就自己掏腰包在这条河上修建了一座桥方便百姓渡河。百姓感激王佐，将这座桥命名为安乐桥，又编了一首歌谣“安乐王，好心肠，造座大桥通四方”来称赞王佐。

秦桧听到这个歌谣就不高兴了，心想：自己这么大的官都没有歌谣称颂，王佐建一座桥就赢得了民心，他建一座，我建三座。于是下令在杭州同一条河上再建三座石桥，而且一座比一座好，命名为“斗富一桥、二桥、三桥”。一条河上建三座桥，就像一碗饭上面搁三双筷子，而且人家王佐是自己掏钱，秦桧却是劳民伤财，百姓心里有怨气，所以即使三座斗富桥建好，他们也不愿意从桥上走。

杭州话“斗富”和“豆腐”谐音，再加上百姓心中对秦桧的厌恶，三座桥千年以来被冠以“豆腐”之名。去除秦桧本身的负面影响不提，再好的事情也不能太多，过犹不及的道理就是如此。

小贴士：

因谐音演化而读错的常用词

常用词	狗屁不通	嫁鸡随鸡 嫁狗随狗	三个臭皮匠顶个诸葛亮
实际词	狗皮不通	嫁乞随乞 嫁叟随叟	三个臭裨将顶个诸葛亮
意义	狗皮流不出汗液，所以不通。	嫁给乞丐或者老头，都要相从。	裨将：副将参谋。三个参谋的智慧超过孔明。

杭州墓葬群英会

自古以来，杭州西湖便是名人雅士会集之所，有些人挚爱西湖，便把坟墓也置在这里，也许『醒观平湖秋月，卧赏雷峰夕照。生闻南屏晚钟，死聚断桥残雪』才算来人世走一遭吧。西湖周边和杭州市区共有一百多座名人坟墓，夸张点说，夜晚的西湖够开一场『杭州异士群英会』了，这里便列几位『群英会』的参与者。

苏小小墓：湖山此地曾埋玉，花月其人可铸金

苏小小是南齐钱唐名妓，典型的江南美人，娇小而富有才气。苏小小的一生短暂而令人悲悯，她在生时没有经历完整的爱情，却在死后风光无限。苏小小的遗愿是：生在西泠，死在西泠，葬在西泠，不负一生爱好山水。她资助的才子鲍仁为她立碑纪念，可惜到了清朝年间，苏小小墓损毁严重。某次，乾隆皇帝巡游江南时不知怎的想起了苏小小，底下的官员赶忙重建了苏小小墓，这才有了今日的墓碑和『慕才亭』。西湖墓葬无数，唯一名妓无人不知，也不怪清朝人沈复感叹：『此殆灵气所钟，为湖山点缀耶』？

武松墓：失意且伍豪客，得时亦一英公。

历史上的武松不是那个景阳冈打虎、血溅鸳鸯楼的水浒英雄，但也是个真正的侠客。武松在杭州因勇武出名，人称『灌口二郎神』。当时新任杭州知府是蔡京的儿子蔡鋆，他施政暴虐，鱼肉百姓，被叫作『蔡虎』。武松被激出火气，决心铲除他。后来武松抓住机会，在蔡鋆出门时扑上去连刺数刀，结果了蔡鋆性命。武松也因此惨死于狱中。杭州的武松墓便是后人为纪念他而立，上写『宋义士武松之墓』。

杭州墓葬群英会

自古以来，杭州西湖便是名人雅士会集之所，有些人挚爱西湖，便把坟墓也置在这里。也许“醒观平湖秋月，卧赏雷峰夕照。生闻南屏晚钟，死聚断桥残雪”才算来人世走一遭吧。西湖周边和杭州市区共有100多座名人坟墓，夸张点说，夜晚的西湖够开一场“杭州冥士群英会”了。这里便列几位“群英会”的参与者。

1.苏小小墓：湖山此地曾埋玉，花月其人可铸金

苏小小是南齐钱唐名妓，典型的江南美人，娇小而富有才气。苏小小的一生短暂而令人悲悯，她在生时没有经历完整的爱情，却在死后风光无限。苏小小的遗愿是：生在西泠，死在西泠，葬在西泠，不负一生爱好山水。她资助的才子鲍仁为她立碑纪念，可惜到了清朝年间苏小小墓损毁严重。某次，乾隆皇帝巡游江南时不知怎的想起了苏小小，底下的官员赶忙重建了苏小小墓，这才有了今日的墓碑和“慕才亭”。西湖墓葬无数，唯一名妓无人不知，也不怪清朝人沈复感叹：“此殆灵气所钟，为湖山点缀耶？”

2.武松墓：失意且伍豪客，得时亦一英公

历史上的武松不是那个景阳冈打虎、血溅鸳鸯楼的水浒英雄，但也是个真正的侠客。武松在杭州因勇武出名，人称“灌口二郎神”。当时新任杭州知府是蔡京的儿子蔡鋆，他施政暴虐，鱼肉百姓，被叫作“蔡虎”，武松被激出火气，决心铲除他。后来武松抓住机会，在蔡鋆出门时扑上去连刺数刀，结果了蔡鋆性命。武松也因此惨死于狱中。杭州的武松墓便是后人为纪念他而立，上写“宋义士武松之墓”。

迁葬次数	时间	地点
始葬	1907.07.15	绍兴府城卧龙山西北麓
首迁	1907.10	绍兴常禧门外严家潭
二迁	1908.02	杭州西泠桥西侧
三迁	1908.12.01	绍兴城外严家潭
四迁	1909	湖南湘潭昭山
五迁	1912	湖南长沙岳麓山
六迁	1913	杭州西湖西泠桥西侧原葬处
七迁	1964	杭州西湖鸡笼山
八迁	1965	杭州西泠桥原葬处
九迁	1966	杭州鸡笼山
十迁	1981.10	西湖孤山西北麓西泠桥南堍

秋瑾墓：身不得，男儿列，心却比，男儿烈。

秋瑾的一生命运坎坷，身为女子却做出了男子都不能比拟的壮举。秋瑾墓几经迁移，甚至经历了十次重葬，才最终葬在西泠桥畔完成了秋瑾『埋骨西泠桥畔』的遗愿。在那个时代，秋瑾是『巾帼英雄』，是『为中国革命牺牲的第一位女烈士』，但她同时也是封建伦理的挑战者，她舍弃家庭，放弃对子女的抚养，不顾一切投身革命。她的女儿王灿芝后来成为中国第一位女飞行员，但她对母亲秋瑾的印象却是一点儿影子都没有。

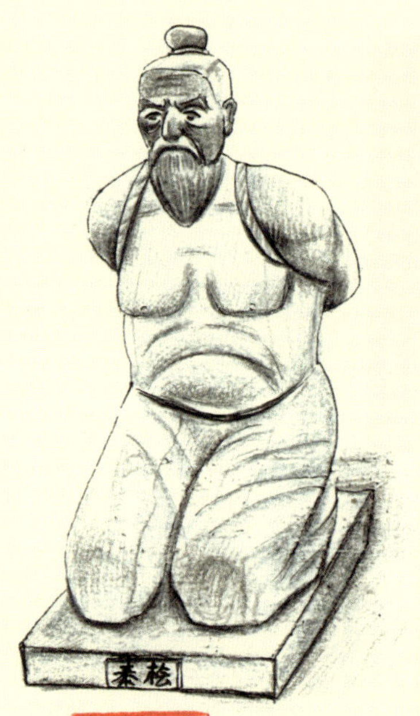

秦桧跪像

岳飞墓：青山有幸埋忠骨，白铁无辜铸佞臣

岳飞墓也叫岳坟，位于栖霞岭景区，包括了岳飞墓、岳云墓、牛皋墓和张宪墓等多座墓葬。岳飞一门从儿子岳云到手下大将牛皋、张宪无不是抗金英雄，为后人敬仰。在岳飞墓的景点中最有人气的当数那四个铁铸人物跪像了。这四人分别是：秦桧、王氏、张俊、万俟卨。秦桧等人密谋以『莫须有』的罪名害死岳飞的事情众所周知，几百年来杭州岳庙内秦桧等奸佞的跪像共铸造十二次之多，可见后世之人无不对这四人切齿痛恨。『公道自在人心』这句话诚然不假。

桐乡清乾隆十七年状元秦大士，曾在游西湖经过岳飞墓时，写下"人于宋后羞名桧，我到墓前愧姓秦"的诗句。

3.岳飞墓：青山有幸埋忠骨，白铁无辜铸佞臣

岳飞墓，也叫岳坟，位于栖霞岭景区，包括了岳飞墓、岳云墓、牛皋墓和张宪墓等多座墓葬。岳飞一门，从儿子岳云，到手下大将牛皋、张宪无不是抗金英雄，为后人敬仰。在岳飞墓的景点中最有人气的当数那四个铁铸人物跪像了。这四人分别是：秦桧、王氏、张俊、万俟卨。秦桧等人密谋以“莫须有”的罪名害死岳飞的事情众所周知，几百年来，杭州岳庙内秦桧等奸佞的跪像共铸造十二次之多，可见后世之人无不对这四人切齿痛恨。“公道自在人心”这句话诚然不假。

4.秋瑾墓：身不得，男儿列，心却比，男儿烈

秋瑾的一生命运坎坷，身为女子却做出了男子都不能比拟的壮举。秋瑾墓几经迁移，甚至经历了十次重葬，才最终葬在西泠桥畔，完成了秋瑾“埋骨西泠桥畔”的遗愿。在那个时代，秋瑾是“巾帼英雄”，是“为中国革命牺牲的第一位女烈士”，但她同时也是封建伦理的挑战者，她舍弃家庭，放弃对子女的抚养，不顾一切投身革命。她的女儿王灿芝后来成为中国第一位女飞行员，但她对母亲秋瑾的印象却是：一点儿影子都没有。

小贴士：

秋瑾墓的迁移记录

迁葬次数	时间	地点
始葬	1907.07.15	绍兴府城卧龙山西北麓
首迁	1907.10	绍兴常禧门外严家潭
二迁	1908.02	杭州西泠桥西侧
三迁	1908.12.01	绍兴城外严家潭
四迁	1909	湖南湘潭昭山
五迁	1912	湖南长沙岳麓山
六迁	1913	杭州西湖西泠桥西侧原葬处
七迁	1964	杭州西湖鸡笼山
八迁	1965	杭州西泠桥原葬处
九迁	1966	杭州鸡笼山
十迁	1981.10	西湖孤山西北麓，西泠桥南堍

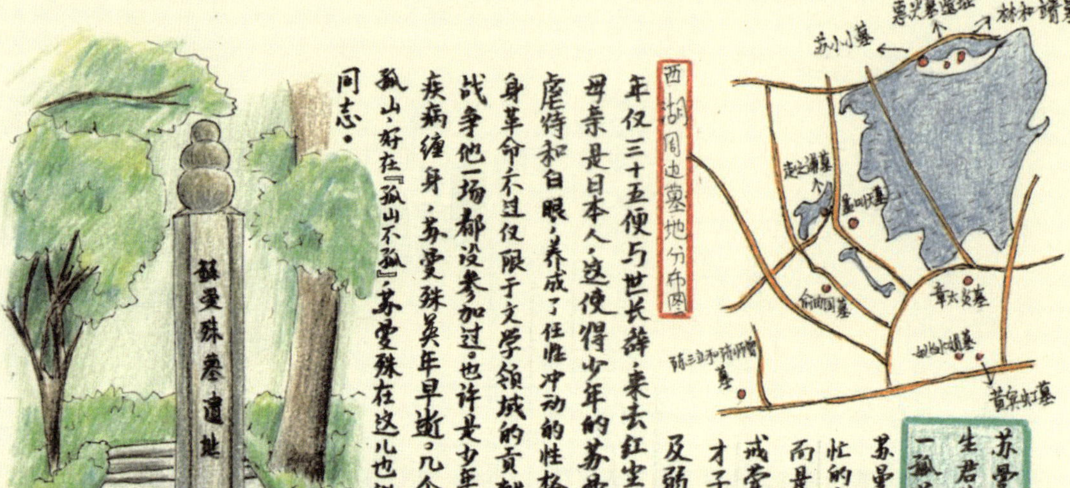

年仅三十五便与世长辞，来去红尘匆匆。苏曼殊的母亲是日本人，这使得少年的苏曼殊受尽家人虐待和白眼，养成了任性冲动的性格。成年后他积极投身革命，不过仅限于文学领域的贡献，实际的起义或战争他一场都没参加过。也许是少年时被虐待导致疾病缠身，苏曼殊英年早逝。几个朋友将他葬在孤山，好在『孤山不孤』，苏曼殊在这儿也能找到几个革命同志。

苏曼殊墓：契阔死生君莫问，行云流水一孤僧

苏曼殊是个任性而匆忙的人。说他任性，他时而是僧时而还俗，不戒荤食，还是个多情才子。说他匆忙，他刚及弱冠便出家为僧，

潘天寿墓：一花半叶风情古，乱款斜意趣深

潘天寿是中国近现代高产画家，更是『造化在手，指力能扛鼎，般若存心，画艺惊鬼神』的指墨画大师。潘天寿性格冷峻坚定，又狂野质朴，听起来似乎相互矛盾，但表现在画作中却又相得益彰，更有趣味。潘天寿喜欢画松、梅、磐石和鹰鹫，这些题材易于以手指表现，内在品格又甚合潘天寿的脾气。潘天寿在老年时吃了不少苦，身处逆境却仍然惦记着他的指墨画。临终之前他的儿子要给他剪指甲，潘天寿还喘着粗气阻拦说：『不要剪，我病好了还要留着画指画呢！』也许站在某一领域顶点的人都有一个共通点——『痴』吧。

潘天寿（1897—1971），字大颐，自署阿寿、寿者，号雷婆头峰寿者。现代画家、教育家。著有《中国绘画史》《听天阁画谈随笔》等。

5.苏曼殊墓：契阔死生君莫问，行云流水一孤僧

苏曼殊是个任性而匆忙的人。说他任性，他时而是僧，时而还俗，不戒荤食，还是个多情才子。说他匆忙，他刚及弱冠便出家为僧，年仅三十五便与世长辞，来去红尘匆匆。苏曼殊的母亲是日本人，这使得少年的苏曼殊受尽家人虐待和白眼，养成了任性冲动的性格。成年后他积极投身革命，不过仅限于文学领域的贡献，实际的起义或战争他一场都没参加过。也许是少年时被虐待导致疾病缠身，苏曼殊英年早逝。几个朋友将他葬在孤山，好在“孤山不孤”，苏曼殊在这儿也能找到几个革命同志。

6.潘天寿墓：一花半叶风情古，历乱欹斜意趣深

潘天寿是中国近现代高产画家，更是“造化在手，指力能扛鼎，般若存心，画艺惊鬼神”的指墨画大师。潘天寿性格冷峻坚定，又狂野质朴，听起来似乎相互矛盾，但表现在画作中却又相得益彰，更有趣味。潘天寿喜欢画松、梅、磐石和鹰鹫，这些题材易于以手指表现，内在品格又甚合潘天寿的脾气。潘天寿在老年时吃了不少苦，身处逆境却仍然惦记着他的指墨画，临终之前他的儿子要给他剪指甲，潘天寿还喘着粗气阻拦说：“不要剪，我病好了还要留着画指画呢！”也许站在某一领域顶点的人都有一个共通点——“痴”吧。

第四章 杭州物产

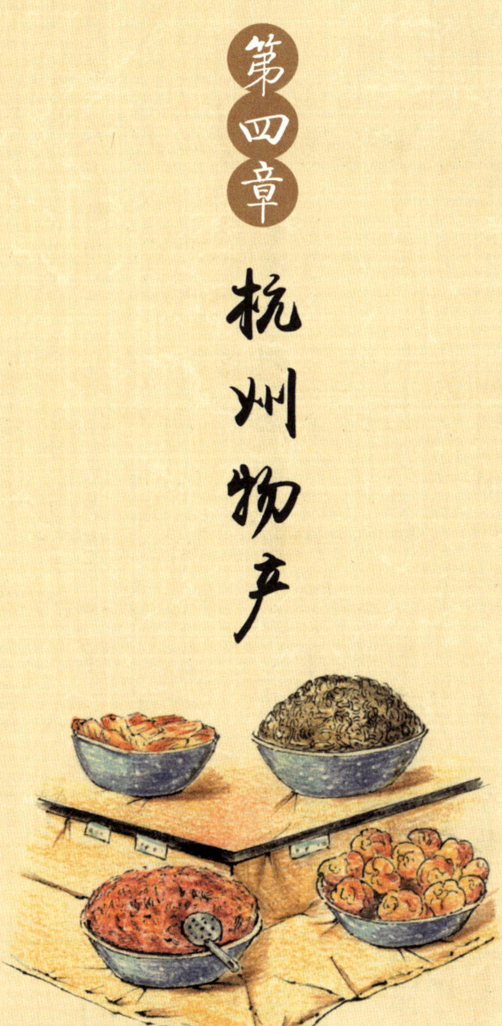

十八棵御茶树成就了西湖龙井

在北京有上百家销售西湖龙井的店铺，但其中只有五家拿到了杭州市的授权。西湖龙井为什么有名呢？这要从十八棵御茶树说起。

杭州西湖附近狮峰山下有个龙井村，相传村子里的人都以种茶树为生。偏偏有一年茶叶质量不好，住在村头的老婆婆整日愁眉不展。一天，一个和尚来到老婆婆房前，指着院中一个破烂石臼请求道：『婆婆，这个石臼卖给我吧，我出五两银子。』老婆婆喜出望外，趁和尚出去找来的工夫，把大石臼从里到外洗刷干净，将草叶、树枝都埋在门前的十八棵茶树底下。和尚回来见到崭新的石臼却摇头叹气走了。原来这和尚是天上的神仙，在天庭宴会上不小心把茶杯落到了人间，这才变成和尚下来寻找。大石臼就是那个茶杯。说来也怪，被埋了『垃圾』的十八棵茶树长势奇好，邻里乡村的人都来采茶叶留种。

到了清朝乾隆时期，龙井村的名头引得乾隆皇帝亲至。这边乾隆刚摘了一把茶叶就有小太监禀报：太后病了。孝顺的乾隆马上起驾返京。太后犯了眼病，眼睛红肿难睁，勉强打起精神品起乾隆带回来的茶叶，奇怪的是太后喝茶之后感到神清气爽，病痛减轻，眼睛竟然睁开了。乾隆兴奋之下封十八棵茶树为御茶树，每年采摘茶叶专供太后。

西湖龙井的名声之盛与十八棵御茶树分不开，如果真有仙人掉下茶杯，可能也是被西湖美景迷住了眼。

采茶图

西湖龙井贮藏五忌：
①忌潮湿
②忌高温（5°C–10°C保存较适宜）
③忌异味（茶叶有吸附异味的功能）
④忌光照，
⑤忌氧气

浙江省茶叶产区分布图

径山茶
九曲红梅
天目青顶
临安市
杭州市
鸠坑毛尖
富阳市
千纯有机茶
西湖龙井
淳安县
建德市
岩顶云雾茶
淳安大方、千岛玉叶
建德苞茶

十八棵御茶树成就了西湖龙井

在北京有上百家销售西湖龙井的店铺，但其中只有五家拿到了杭州市的授权。西湖龙井为什么有名呢？这要从十八棵御茶树说起。

杭州西湖附近狮峰山下有个龙井村，相传村子里的人都以种茶树为生，偏偏有一年茶叶质量不好，住在村头的老婆婆整日愁眉不展。一天，一个和尚来到老婆婆房前，指着院中一个破烂石臼请求道："婆婆，这个石臼卖给我吧，我出五两银子。"老婆婆喜出望外，趁和尚出去找车的工夫，把大石臼从里到外洗刷干净，将草叶、树枝都埋在门前的十八棵茶树底下，和尚回来见到崭新的石臼却摇头叹气走了。原来这和尚是天上的神仙，在天庭宴会上不小心把茶杯落到了人间，这才变成和尚下来寻找，大石臼就是那个茶杯。说来也怪，被埋了"垃圾"的十八棵茶树长势奇好，邻里乡村的人都来采茶叶留种。

到了清朝乾隆时期，龙井村的名头引得乾隆皇帝亲至。这边乾隆刚摘了一把茶叶，就有小太监禀报：太后病了。孝顺的乾隆马上起驾返京。太后犯了眼病，眼睛红肿难睁，勉强打起精神品起乾隆带回来的茶叶，奇怪的是太后喝茶之后感到神清气爽，病痛减轻，眼睛竟然睁开了。乾隆兴奋之下封十八棵茶树为御茶树，每年采摘茶叶专供太后。

西湖龙井的名声之盛与十八棵御茶树分不开，如果真有仙人掉下茶杯，可能也是被西湖美景迷晕了眼。

小贴士：

西湖龙井贮藏五忌

①忌潮湿

②忌高温（5℃~10℃保存较适宜）

③忌异味（茶叶有吸附异味的能力）

④忌光照（叶片氧化）

⑤忌氧气

好吃到哭的杭帮菜

菜名	背后的故事
宋嫂鱼羹	传说南宋皇帝赵构在西湖游览时，吃了在西湖边卖鱼羹为生的宋五嫂的鱼羹后，赞不绝口，又感念宋五嫂年老，便赐其金银绢匹。
龙井虾仁	据说乾隆曾到杭州一家店吃饭，店主见他袖口绣有黄龙，心里慌乱，做虾仁时，将龙井茶当葱来用，龙井虾仁由此产生。
叫花鸡	传说乾隆微服期间，曾流落荒野。有个叫花子见他可怜，便烤鸡给他吃，这便是"叫花鸡"的由来。

龙井虾仁

有人说，中国人移民国外是为享受更好的生活环境，外国人移民中国则是因为对中国美食迷恋得无可救药。杭帮菜虽然只是中国八大菜系之一浙菜的一个流派，却因绝自己美的卖相和味道，征服无数人。据报道，杭州美食在香港展示期间，参观者面对犹如艺术品一样的菜肴，都不忍下箸而是先拍照留念。在日本展示期间，有一位参观者吃过杭帮菜后，竟抱着工作人员痛哭道：『我这辈子从来没吃过这么美的食物！』

杭帮菜确实有这样的功力。杭州之地，物产丰富，西湖藕粉、虾仁、肥鱼、杭白菊、龙井茶等，都是上好的食材。有这么上等的食材，杭州人原本不必费心烹饪，即使简单蒸煮也是鲜美无比。等到南宋建都杭州，来自北方的大批吃客看到天堂杭州这些上好的物产，自然要蒸煮一番。贵族式和平民式做法南派和北派技艺碰撞摩擦，最终形成了杭帮菜『取村寸边、博采众长，南北烹饪』的特点。一时间，杭帮菜成为当时全国影响最大的菜品，有『京杭大菜』之称。所以有人说，杭帮菜就是『迷宗菜』，它打破了传统正宗门派的壁垒，兼取百长。所以在杭帮菜里，你总能吃出熟悉的味道。

康熙与叫花鸡

人，看过再多的风景，胃还是怀念老味道。在杭州走累了，就坐下来，要些有家乡味道的杭帮菜。但这味道却又与曾经熟悉的味道有所不同，因为它更细嫩、更鲜美。就着每盘菜背后的故事，吃着这么可口的菜，心情也放松了，肠胃也舒服了，不禁感叹，杭帮菜真是『治愈系』好菜。

好吃到哭的杭帮菜

有人说，中国人移民国外是为了享受更好的生活环境，外国人移民中国则是因为对中国美食迷恋得无可救药。杭帮菜虽然只是中国八大菜系之一——浙菜的一个流派，却因自己绝美的卖相和味道，征服了无数人。据报道，杭州美食在香港展示期间，参观者面对犹如艺术品一样的菜肴，都不忍下箸，而是先拍照留念。在日本展示期间，有一位参观者吃过杭帮菜后，竟抱着工作人员痛哭道："我这辈子从来没吃过这么美的食物！"

杭帮菜确实有这样的功力。杭州之地，物产丰富，西湖藕粉、虾仁、肥鱼、杭白菊、龙井茶等，都是上好的食材。有这么上等的食材，杭州人原本不必费心烹饪。即使简单蒸煮，也是鲜美无比。等到南宋建都杭州，来自北方的大批吃客看到天堂杭州这些上好的物产，自然要蒸煮一番。贵族式和平民式做法、南派和北派技艺碰撞摩擦，最终形成了杭帮菜"取材广泛、博采众长，南北烹皆融"的特点。一时间，杭帮菜成为当时全国影响最大的菜品，有"京杭大菜"之称。

所以有人说，杭帮菜就是"迷宗菜"，它打破了传统正宗门派的壁垒，杂取百长。所以在杭帮菜里，你总能吃出熟悉的味道。

人，看过再多风景，胃还是怀念老味道。在杭州走累了，就坐下来，要些有家乡味道的杭帮菜。但这味道却又与曾经熟悉的味道有所不同，因为它更细嫩、更鲜美。就着每盘菜背后的轶事，吃着这么可口的菜，心情也放松了，肠胃也舒服了，不禁感叹，杭帮菜真是"治愈系"好菜。

小贴士：

杭帮菜里那些有故事的明星菜品

菜名	背后的故事
宋嫂鱼羹	传说南宋皇帝赵构在西湖游览时，吃了在西湖边卖鱼羹为生的宋五嫂的鱼羹后，赞不绝口。又感念宋五嫂年老，便赐其金银绢匹，从此，宋嫂鱼羹闻名天下。
龙井虾仁	据说乾隆微服私访时，到杭州一客店吃饭。倒茶伙计看到他衣袖里隐约有条黄龙，吓得跑到厨房告诉店主。正在炒虾仁的店主一慌，竟把伙计手中的龙井茶当葱末用了，龙井虾仁由此产生。
叫花鸡	传说乾隆微服出巡期间，不小心流落荒野。有个叫花子看他可怜，便将自己烤的鸡给他吃。饥饿中的乾隆狼吞虎咽，觉着这是无上美味，这就是"叫花鸡"的由来。

东坡肉生成记

苏轼是史上不可多得的全才。人家不光诗作得好，画画得棒，字写得神，官做得大，还是个资深美食家。浙菜里的那道名菜东坡肉，就出自苏轼之手。但这道菜可不是苏轼一下子就发明出来的。

东坡肉的前身是苏轼在徐州发明的『回赠肉』。一〇七七年，苏轼被任命为徐州知州（相当于今市委书记）。刚上任的苏轼就摊上了黄河决口，洪水围困徐州的事儿。责任感爆棚的苏东坡以身作则，亲自去现场视察，与大家一起筑堤抗洪。经过七十多个昼夜的艰苦奋战，徐州终于脱离危险。全城百姓十分感动，争先恐后地将猪肉送到苏轼府上。廉明的苏轼是不会收下这些猪肉的，但百姓的美意不能拂，于是他发挥做菜的本事，指点家人『慢着火，少着水』，将猪肉制成红烧肉回赠百姓。苏轼果然是苏轼，做出的肉不是一般的好吃，当地百姓就将它称为『回赠肉』。

十二年后，辗转于官场的苏轼又来到杭州任知州。资深知州苏轼深刻认识到，已经严重淤塞的西湖必须尽快治理。便想方设法从各方面筹集资金，发动二十万人疏浚西湖，修建苏堤。杭州居民对这个好知州自然十分感激，等到过年也纷纷抬着酒肉来到苏轼府上。苏轼以前不肯收，现在依旧不肯收，照旧嘱咐家人烧肉给大家吃。但是这次因为还要送酒，所以苏轼吩咐『连酒一起』，但家人却误认为是烧肉的时候加酒一起烧，将肉和着酒一起烧制，没想到做出来的红烧肉却更加香醇美味。苏轼因曾在黄州东坡种地而有了『苏东坡』的名号，于是杭州人便把这道菜亲切地称为『东坡肉』。

东坡肉制作方法

准备材料

切块煮沸

取出洗净

入砂锅以旺火煮

砂锅

放蒸笼三十分钟

完成

东坡肉生成记

苏轼是史上不可多得的全才。人家不光诗作得好、画画得棒、字写得神、官做得大，还是个资深美食家。浙菜里的那道名菜东坡肉，就出自苏轼之手。但这道菜可不是苏轼一下子就发明出来的。

东坡肉的前身是苏轼在徐州发明的“回赠肉”。1077年，苏轼被任命为徐州知州（相当于今市委书记）。刚上任的苏轼就摊上了黄河决口、洪水围困徐州的事儿。责任感爆棚的苏东坡以身作则，亲自去现场视察，与大家一起筑堤抗洪。经过七十多个昼夜的艰苦奋战，徐州终于脱离危险。全城百姓十分感动，争先恐后地将猪肉送到苏轼府上。廉明的苏轼是不会收下这些猪肉的，但百姓的美意不能拂，于是他发挥做菜的本事，指点家人“慢着火，少着水”，将猪肉制成红烧肉回赠百姓。苏轼果然是苏轼，做出的肉不是一般的好吃，当地百姓就将它称为“回赠肉”。

12年后，辗转于官场的苏轼又来到杭州任知州。资深知州苏轼深刻认识到，已经严重淤塞的西湖必须尽快治理，便想方设法从各方面筹集资金，发动20万人疏浚西湖、修建苏堤。杭州居民对这个好知州自然十分感激，等到过年，也纷纷抬着酒肉来到苏轼府上。苏轼以前不肯收，现在依旧不肯收，照旧嘱咐家人烧肉给大家吃。但是这次因为还要送酒，所以苏轼吩咐“连酒一起”，但家人却误认为是烧肉的时候加酒一起烧，将肉和着酒一起烧制，没想到做出来的红烧肉却更加香醇美味。苏轼因曾在黄州东坡种地而有了“苏东坡”的名号，于是杭州人便把这道菜亲切地称为“东坡肉”。

小贴士：

东坡肉的制作方法

步骤1：准备猪五花肉1500克，葱100克，白糖100克，绍酒250克，姜块50克，酱油150克。

步骤2：将猪五花肉洗净，切成10块正方形的肉块，放在沸水锅内煮5分钟，取出洗净。

步骤3：准备一口砂锅，用竹箅子垫底，放入葱、姜，再将猪肉皮面朝下摆在上面，加入白糖、酱油、绍酒，旺火烧制。

步骤4：烧开后撇去油末，将肉皮面朝上装入小陶罐中，一并放到蒸笼内，再用旺火蒸30分钟即可。

西湖醋鱼：苏东坡与佛印争『鱼』

西湖醋鱼在杭州是无人不知的名菜，据说是『宋嫂』创造了西湖醋鱼，『叔嫂传珍』的佳话也广为流传。至于是恶霸欺凌还是皇帝追捕，杜撰的成分太高，不如说喜欢西湖醋鱼的苏东坡与佛印的趣事。

苏东坡和佛印经常斗气斗嘴，两个人又都是学富五车，打嘴仗听起来也像辩禅。『佛印虽是出家人，却不避酒肉』围绕西湖醋鱼两人也进行过几次交锋。第一次，苏轼在书房里享用西湖醋鱼的时候，佛印来访苏东坡忙将鱼放到书架上。佛印发现书架上的鱼后，眼珠一转，假意向苏轼请教：『大学士姓苏（蘇），这个字有几种写法呢？』苏字的繁体里含有鱼，佛印故意颠倒字的结构，把鱼放到草字头上面。苏东坡慌忙阻止：『错了错了，鱼怎么能在草上呢。』佛印哈哈大笑：『大人把鱼放于书上，我为何不能放在草上？』苏轼无奈只好取下西湖醋鱼，二人分食了。

第二次，佛印故意享了一条西湖醋鱼，请来苏轼后，把鱼藏到磬里。苏轼进门后发现磬里冒着热气，抽抽鼻子味道酸甜，必是西湖醋鱼。便知道佛印存心为难。苏轼装作苦思冥想的样子，向佛印诉苦想不出对联的下联，佛印果然上当。当苏轼说出上联『向阳门第春常在』，佛印便对道『积善人家庆有余』。苏轼一敲桌子：『既然，磬有鱼，还不拿出来同食？』佛印输了一局。

酸酸甜甜的西湖醋鱼古今同味，品鱼之时不妨欣赏西湖美景，绝对更添风味。

叔嫂传珍

杭州有个宋氏兄弟，兄长被恶霸害死，长嫂宋氏准备带小叔逃走，临走前做了一道酸甜的鱼，嘱咐小叔："这菜有酸甜，望你有出头之日，勿忘今日辛酸。"所以，西湖醋鱼也有生活中的酸甜百味之意。

磬：音为"qing"，和尚念经时敲击的乐器，中间是空的，可以容纳小体积物品。

苏轼与佛印

西湖醋鱼：苏东坡与佛印争“鱼”

西湖醋鱼在杭州是无人不知的名菜，据说是“宋嫂”创造了西湖醋鱼，“叔嫂传珍”的佳话也广为流传。至于是恶霸欺凌还是皇帝追捕，杜撰的成分太高，不如说说喜欢西湖醋鱼的苏东坡与佛印的趣事。

苏东坡和佛印经常斗气斗嘴，两个人又都是学富五车，打嘴仗听起来也像辩禅。“佛印虽是出家人，却不避酒肉。”围绕西湖醋鱼两人也进行过几次交锋。第一次，苏轼在书房里享用西湖醋鱼的时候，佛印来访，苏东坡忙将鱼放到书架上。佛印发现书架上的鱼后，眼珠一转，假意向苏轼请教：“大学士姓苏（蘇），这个字有几种写法呢？”苏字的繁体里含有鱼，佛印故意颠倒字的结构，把鱼放到草字头上面。苏东坡慌忙阻止：“错了错了，鱼怎么能在草上呢！”佛印哈哈大笑：“大人把鱼放于书上，我为何不能放在草上？”苏轼无奈，只好取下西湖醋鱼，二人分食了。

第二次，佛印故意烹了一条西湖醋鱼，请来苏轼后，把鱼藏到磬里，苏轼进门后发现磬里冒着热气，抽抽鼻子，味道酸甜，必是西湖醋鱼，便知道佛印存心为难。苏轼装作苦思冥想的样子，向佛印诉苦想不出对联的下联，佛印果然上当，当苏轼说出上联“向阳门第春常在”，佛印便对道“积善人家庆有余”。苏轼一敲桌子：“既然‘磬有鱼’，还不拿出来同食？”佛印输了一局。

酸酸甜甜的西湖醋鱼古今同味，品鱼之时不妨欣赏西湖美景，绝对更添风味。

小贴士：

磬

磬音为“qìng”，和尚念经时敲击的乐器，中间是空的，可以容纳物品。

叔嫂传珍

杭州有个宋氏兄弟，兄长被恶霸害死，长嫂宋氏准备带着小叔逃走，临走前做了一道酸甜的鱼，嘱咐小叔：“这菜有酸有甜，望你有出头之日，勿忘今日辛酸。”所以西湖醋鱼也有生活中的酸甜百味之意。

莼鲈之思：张翰为了吃莼菜，官都不做了

西湖莼菜

提起杭州美食，大多数人首先会想到西湖醋鱼、龙井虾仁等杭帮菜佳肴。其实，杭州西湖自古盛产一味可口的野生鲜蔬！莼菜，杜甫、陆游、岑参等多位大诗人都为它吟诗赞美，晋代才子张翰为了吃一口莼菜，甚至连官都不做了。

据《晋书·文苑传》记载，西晋时期，张翰出身江左望族，才学出众，尤其擅长写文章，当时齐王爱惜他的才学，就封他为『大司马东曹掾』。张翰受封后在洛阳做官，有一年秋天登高怀乡，突然想起了家乡的莼羹、鲈鱼等美食，他询问了洛阳多家大酒楼想要一解馋虫，可众多酒楼的回答都是一样的：『若吃鲈鱼，百条从吴地运至洛阳，应当能有一两条生还，但莼菜若运来定然无法保证其新鲜。』张翰感慨地说：『人生贵得适志，何能羁宦数千里以要名爵乎？』意思是：人一辈子能够得志固然可贵，但也不能为了拥有名声和爵位，就受官场的羁绊而离开想要的东西数千里。于是张翰就为了能吃到新鲜美味的莼菜和鲈鱼，毅然辞官回乡了。后来，人们用『莼鲈之思』这个词来形容思乡之情或者为了心中所想而辞官的人。

一个人必须知道自己内心真正想要的是什么，其他的东西再好也可以抛弃。张翰为了美食而弃官，虽然在外人看来难以理解，但却侧面阐释了莼菜的美味。若想真实体会其中滋味，就必须往杭州一行亲自品尝了。

人物	杜甫	陆游	岑参	李流芳
作品	《赠王二十四侍御契四十韵》	《雨中泊萧山县驿》	《送许子擢第归江宁拜亲，因寄王大昌龄》	《煮莼歌》
内容	网聚粘圆鲫，丝繁煮细莼。	店家菰饭香初熟，市担莼丝滑欲流。	六月槐花飞，忽思莼菜羹。	一朝能作千里莼，顿使吾徒摇食指。

莼鲈之思：张翰为了吃莼菜，官都不做了

提起杭州美食，大多数人首先会想到西湖醋鱼、龙井虾仁等杭帮菜佳肴。其实，杭州西湖自古盛产一味可口的野生鲜蔬——莼菜，杜甫、陆游、岑参等多位大诗人都为它吟诗赞美，晋代才子张翰为了吃一口莼菜，甚至连官都不做了。

据《晋书·文苑传》记载，西晋时期，张翰出身江左望族，才学出众，尤其擅长写文章，当时齐王爱惜他的才学，就封他为“大司马东曹掾”。张翰受封后在洛阳做官，有一年秋天登高怀乡，突然想起了家乡的莼羹、鲈鱼等美食，他询问了洛阳多家大酒楼想要一解馋虫，可众多酒楼的回答都是一样的：“若吃鲈鱼，百条从吴地运至洛阳，应当能有一两条生还，但莼菜若运来定然无法保证其新鲜。”

张翰感慨地说：“人生贵得适志，何能羁宦数千里以要名爵乎？”意思是：人一辈子能够得志固然可贵，但也不能为了拥有名声和爵位，就受官场的羁绊而离开想要的东西数千里。于是张翰就为了能吃到新鲜美味的莼菜和鲈鱼，毅然辞官回乡了。后来，人们用“莼鲈之思”这个词来形容思乡之情或者为了心中所想而辞官的人。

一个人必须知道自己内心真正想要的是什么，其他的东西再好，也可以抛弃。张翰为了美食而弃官，虽然在外人看来难以理解，但却侧面阐释了莼菜的美味，若想真实体会其中滋味，就必须往杭州一行亲自品尝了。

小贴士：

文人赞颂莼菜集锦

人物	杜甫	陆游	岑参	李流芳
作品	《赠王二十四侍御契四十韵》	《雨中泊萧山县驿》	《送许子擢第归江宁拜亲，因寄王大昌龄》	《煮莼歌》
内容	网聚粘圆鲫，丝繁煮细莼。	店家菰饭香初熟，市担莼丝滑欲流。	六月槐花飞，忽思莼菜羹。	一朝能作千里莼，顿使吾徒摇食指。

定胜糕还是『定榫糕』

定胜糕

杭州有种定胜糕，形如元宝，上头点缀花样盖有红印。其味道偏甜，虽然不一定合你口味，但定胜糕的来历一定要听听。

有一个说法，定胜糕最开始叫『定升糕』，是唐代常熟地区开始出现的。后来，当地人将定升糕更名『鼎盛糕』，取蒸蒸日上之意。在战争频繁的时候，又更名『定胜糕』。

关于定胜糕流传最广的却是韩世忠起名的故事。据说南宋时期，金兀术进犯临安城，退走的时候被大将韩世忠截在太湖。韩世忠只有区区八千人马，金兀术却有十万大军，因而战况艰难。

这时韩世忠的妻子梁红玉带来百姓送给韩世忠的吃食，是一种两头大，中间小的糕点。韩世忠掰开一个糕点，发现里面夹了一张纸条，纸条上写着：敌营像定榫（音为"sǔn"）头大细腰身，当中一斩断两头分成形。韩世忠立马领会了纸条的含义，这是百姓们侦察了金兵的布阵，给自己送来的消息。于是趁夜带兵突袭敌营，从中间斩断敌阵，让他们首尾不能兼顾，分而歼之，大败金兵。后来，韩世忠便把这种糕点取名『定胜糕』以纪念这次胜利。

不过，民间也有说法，定胜糕应该叫作『定榫糕』。『定榫』是一种用于入殓盖棺的木质楔子，定胜糕的形状与定榫非常相似，韩世忠为定胜糕起名也许只是后人为了好彩头而杜撰的故事。

梁红玉与韩世忠

定胜糕来历之三

据说也叫"定心糕"，是湖州南浔人女儿出嫁陪送的糕点，娘家陪送定心糕，是寄托了女儿在婆家"定心"生活的美好愿望。

定胜糕还是“定榫糕”

杭州有种定胜糕，形如元宝，上头点缀花样，盖有红印。其味道偏甜，虽然不一定合你口味，但定胜糕的来历一定要听听。

有一个说法，定胜糕最开始叫“定升糕”，是在唐代常熟地区开始出现的。后来，当地人将定升糕更名为“鼎盛糕”，取蒸蒸日上之意。在战事频繁的时候，又更名为“定胜糕”。

关于定胜糕，流传最广的却是韩世忠起名的故事。据说南宋时期，金兀术进犯临安城，退走的时候被大将韩世忠截在太湖。韩世忠只有区区八千人马，金兀术却有十万大军，因而战况艰难。这时，韩世忠的妻子梁红玉带来百姓送给韩世忠的吃食，是一种两头大、中间小的糕点，韩世忠掰开一个糕点，发现里面夹了一张纸条，纸条上写着：敌营像定榫（音为“sǔn”），头大细腰身，当中一斩断，两头勿成形。韩世忠立马领会了纸条的含义，这是百姓们侦察了金兵的布阵，给自己送来的消息。于是趁夜带兵突袭敌营，从中间斩断敌阵，让他们首尾不能兼顾，分而歼之，大败金兵。后来，韩世忠便把这种糕点取名为“定胜糕”以纪念这次胜利。

不过，民间也有说法，定胜糕应该叫作“定榫糕”，“定榫”是一种用于入殓盖棺的木质楔子，定胜糕的形状与定榫非常相似，韩世忠为定胜糕起名也许只是后人为了好彩头而杜撰的故事。

小贴士：

定胜糕来历之三

定胜糕据说也叫“定心糕”，是湖州南浔人女儿出嫁陪送的糕点。娘家陪送定心糕，是寄托了女儿在婆家“定心”生活的美好愿望。

温婉的杭派女装

淑女坊淑女美	紫淑	红袖	秋水伊人	江南布衣	蓝色倾情
休闲美	布同	比菌	璞秀	艾来塔	梵薇贝妮

当美女们发了工资准备去商场血拼一番的时候，总少不了逛逛紫淑、红袖、秋水伊人等品牌店。即便是宅女窝在家逛淘宝，也会经常光顾江南布衣、歌莉娅。而这些品牌都属于杭派女装。

上世纪九十年代初，中国服装业进入瓶颈，杭州服装业也进入低谷期。当时有一批中国美院、浙理工的毕业生，胆子大，时尚感也很强。既然工作难找，不如自己创业。在杭州有丰富的丝麻棉草为他们提供任何一种想要的原料，天堂般的景致和历代文人墨客留下的诗篇则为他们提供无限灵感。于是亲朋好友开个朋友店，一大批服装设计生产作坊在杭州诞生。自己做老板，工作往往十分用心，所以他们干劲十足，经常不分昼夜地躲在房间里设计、裁剪、加工。当时杭州有个专门实行寄卖、代销的市场，这对还不熟悉经营的年轻人来说简直是个福利，因为这样他们就不用费心到处卖，只需要潜心研发，然后将产品放在市场里卖就可以了。而这些大学生设计出来的服装因为受江南水乡淑女风格的影响，竟不约而同地走起了温柔浪漫的路子，这在当时还没有多少品牌风格的中国服装市场上十分新潮，逐渐得到了市场的认可，规模逐步扩大。

一九九六年前后，这些风格相似的服装让人想到了一个词『杭派女装』，一九九九年杭派服装作为商标注册。二〇〇〇年，杭州提出要打造『中国女装之都』的地位，打响『中国女装看杭州』的品牌，使杭州成为中国女装中心。杭派女装一步步走来，逐渐成为中国女装的领导者。

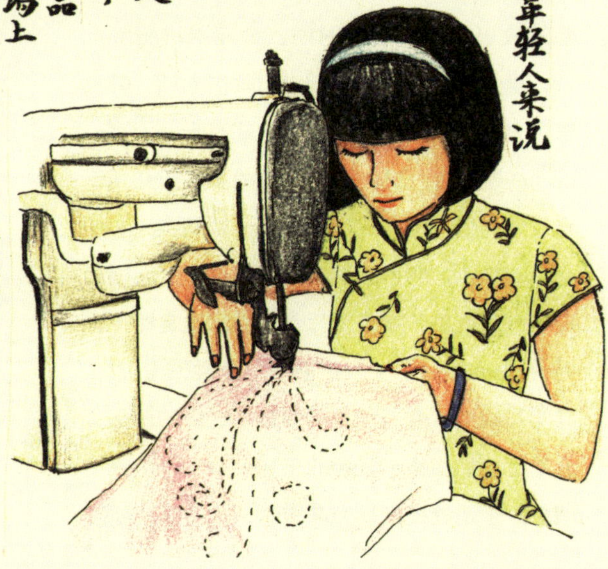

温婉的杭派女装

当美女们发了工资准备去商场血拼一番的时候，总少不了逛逛紫淑、红袖、秋水伊人等品牌店。即便是宅女窝在家逛淘宝，也会经常光顾江南布衣、歌莉娅。而这些品牌都属于杭派女装。

上世纪90年代初，中国服装业进入瓶颈，杭州服装业也进入低谷期。当时有一批中国美院、浙理工的毕业生，胆子大，时尚感也很强。既然工作难找，不如自己创业。在杭州，有丰富的丝麻棉革，能为他们提供任何一种想要的原料，天堂般的景致和历代文人墨客留下的诗篇则为他们提供无限灵感。于是大家纷纷开起了店，一大批服装设计生产作坊在杭州诞生。自己做老板，工作往往十分用心，所以他们干劲十足，经常不分昼夜地躲在房间里设计、裁剪、加工。当时杭州有个专门实行寄卖、代销的市场，这对还不熟悉经营的年轻人来说简直是个福利。因为这样他们就不用费心到处卖，只需要潜心研发，然后将产品放在市场里卖就可以了。而这些大学生设计出来的服装因为受江南水乡淑女风格的影响，竟不约而同地走起了温柔浪漫的路子，这在当时还没有多少品牌、风格的中国服装市场上十分新潮，逐渐得到了市场的认可，规模逐步扩大。

1996年前后，这些风格相似的服装让人想到了一个词“杭派女装”。1999年，杭派服装作为商标注册。2001年，杭州提出要打造“中国女装之都”的地位，打响“中国女装看杭州”的品牌，使杭州成为中国女装中心。杭派女装一步步走来，逐渐成为中国女装的领导者。

小贴士：

那些你或许曾经买过的杭派女装

淑女及少淑女类	休闲类
紫淑	布同
红袖	比茵
秋水伊人	璞秀
江南布衣	艾米塔
蓝色倾情	佐薇贝妮

被传说神化的『张小泉剪刀』

张小泉剪刀

新中国成立后的五十年里，杭州张小泉剪刀共生产了七点四亿把，这个销量虽然远远比不上矿泉水和卫生纸，但对于磨损小、使用期长的剪刀来说，已经是个奇迹了。

张小泉剪刀的由来就是个神话：传说张小泉是个能人，打铁功夫和水中闭气功夫都了得。那时杭州有口井里盘踞了两条乌蛇，井水因此变黑，张小泉自告奋勇，喝了一大壶雄黄酒，拎着自己打的大铁锤就跳到井里打乌蛇去了。张小泉在井里与乌蛇缠斗了很久，用大铁锤把缠在一起的两条蛇砸得扁扁的，后来他用这两条蛇做成了锋利的剪刀，就是张小泉剪刀的原型。

当然这只是被神化了的『张小泉剪刀』，真实的张小泉是个技术过硬的铁匠，而且算是继承父业的制剪世家传人。他的父亲张思家开了一家『张大隆剪刀铺』，后来因为同行冒用招牌，生意屡屡受挫。铺子传到了张小泉手中，张小泉为了防止假冒剪刀的侵害，创立『张小泉剪刀』的牌子。张小泉剪刀后来成为清朝宫廷贡品。光绪年间，张小泉的后人向本地县官控告仿冒者，县官出示「永禁冒用」的告示，刻成石碑立在店门前。不知道这是不是中国最早的维权事件呢？

一九一五年，张小泉剪刀在巴拿马『万国博览会』上获奖，从此走出了国门。虽然张小泉剪刀后来经历一系列变故，但这个民族品牌还是顽强地传承了下来。

锋利惊人
有一次剪刀评比会，唯独张小泉剪刀将叠在一起的40层白布一次剪断，刀口锋利如故。

张小泉 ®

张小泉剪刀的五个样式：
信花、山郎、五虎、圆头、长头

被传说神化的“张小泉剪刀”

新中国成立后的50年里，杭州张小泉剪刀共生产了7.4亿把。这个销量虽然远远比不上矿泉水和卫生纸，但对于磨损小、使用周期长的剪刀来说，已经是个奇迹了。

张小泉剪刀的由来就是个神话。传说张小泉是个能人，打铁功夫和水中闭气功夫都了得。那时杭州有口井里盘踞了两条乌蛇，井水因此变黑，张小泉自告奋勇，喝了一大壶雄黄酒，拎着自己打的大铁锤就跳到井里打乌蛇去了。张小泉在井里与乌蛇缠斗了很久，用大铁锤把缠在一起的两条蛇砸得扁扁的，后来他用这两条蛇做成了锋利的剪刀，就是张小泉剪刀的原型。

当然这只是被神化了的“张小泉剪刀”，真实的张小泉是个技术过硬的铁匠，而且算是继承父业的制剪世家传人。他的父亲张思家开了一家“张大隆剪刀铺”，后来因为同行冒用招牌，生意屡屡受挫。铺子传到了张小泉手中，张小泉为了防止假冒剪刀的侵害，创立“张小泉剪刀”的牌子。张小泉剪刀后来成为清朝宫廷贡品。光绪年间，张小泉的后人向本地县官控告仿冒者，县官出示“永禁冒用”的告示，刻成石碑立在店门前。不知道这是不是中国最早的维权事件呢？

1915年，张小泉剪刀在巴拿马“万国博览会”上获奖，从此走出了国门。虽然张小泉剪刀后来经历一系列变故，但这个民族品牌还是顽强地传承了下来。

小贴士：

张小泉剪刀的故事

锋利惊人：有一次剪刀评比会，唯独张小泉剪刀将叠在一起的40层白布一次剪断，刃口锋利如故，其他剪刀望尘莫及。

张小泉剪刀的五个样式：信花、山郎、五虎、圆头、长头。

种类	特性
油纸伞	世界上最早的雨伞，还用于嫁娶婚俗礼仪中，新娘用红色油纸伞遮，以避邪
绸伞	以西湖绸伞为主，融合了丝绸之美，伞上的图、诗又添了高雅。《白蛇传》中也有"湖畔赠伞"故事。
工艺伞	春秋时期便有显示统治者威严的"华盖伞"，还有"罗伞"、"万民伞"也很常见。
纱伞	纱伞常用在舞蹈中或舞台表演上，透光性好，多为装饰用途。
绢伞	绢伞用织绢作伞面，会透水，但轻便，便于女子遮阳用。

鲁班甘拜下风的西湖绸伞

『伞』这种物品本来是没有的，古时候的人们下雨天的装备是草帽、蓑衣。今天我们能欣赏到江南水乡撑花伞少女漫步小巷的怡人美景，要感谢鲁班和他的妹妹。

鲁班是木匠的祖师爷，发明创造是他的爱好，木匠用的锯子、打水用的滑轮都是他发明的。这一日鲁班带着妹妹到杭州西湖游玩，自然也要留下点发明。本来二人游兴正盛，偏偏此时下起了雨。鲁妹见周围的游人纷纷抱头寻找屋檐躲雨，时起了兴致，邀请鲁班道：『不如我与兄长比试一场如何？以鸡鸣为期，谁先造出雨天也能游西湖的东西谁就是胜者。』鲁班欣然应战。鲁班用锯子、刨子加工木头，造了九座亭子，在造第十座的时候，鲁妹偷偷跑过来学了两声鸡鸣，鲁班便草草收工，留下了一座三角亭，就是今天三潭印月景区的那座。而鲁妹这边以竹为骨，绸作面，打磨了三十二根竹骨撑起绸面，造了一座移动的亭子。鲁班见到妹妹的发明心服口服，感叹道：『妹妹心灵手巧，这小亭子轻巧美观，还能随人而动，胜我远矣。』鲁妹巧笑道：『哥哥的亭子令西湖美景更胜从前，可不能妄自菲薄啊。』

鲁妹创造的『移动小亭子』就是西湖绸伞的原型。因在雨天散开使用，故名『雨散』，后来有人参照亭子的形状，创造了『伞』字，这才有了『雨伞』。

令鲁班甘拜下风的西湖绸伞

“伞”这种物品本来是没有的，古时候的人们下雨天的装备是草帽、蓑衣，今天我们能欣赏到江南水乡撑花伞少女漫步小巷的怡人美景，要感谢鲁班和他的妹妹。

鲁班是木匠的祖师爷，发明创造是他的爱好，木匠用的锯子、打水用的滑轮都是他发明的。这一日鲁班带着妹妹到杭州西湖游玩，自然也要留下点发明。本来二人游兴正盛，偏偏此时下起了雨。鲁妹见周围的游人纷纷抱头寻找屋檐躲雨，一时起了兴致，邀请鲁班道：“不如我与兄长比试一场如何？以鸡鸣为期，谁先造出雨天也能游西湖的东西谁就是胜者。”鲁班欣然应战。

鲁班用锯子、刨子加工木头，造了九座亭子，在造第十座的时候，鲁妹偷偷跑过来学了两声鸡鸣，鲁班便草草收工，留下了一座三角亭，就是今天三潭印月景区的那座。而鲁妹这边以竹为骨、绸作面，打磨了三十二根竹骨撑起绸面，造了一座移动的亭子。鲁班见到妹妹的发明心服口服，感叹道：“妹妹心灵手巧，这小亭子轻巧美观，还能随人而动，胜我远矣。”鲁妹巧笑道：“哥哥的亭子令西湖美景更胜从前，可不能妄自菲薄啊。”

鲁妹创造的“移动小亭子”就是西湖绸伞的原型，因在雨天散开使用，故名“雨散”，后来有人参照亭子的形状，创造了“伞”字，这才有了“雨伞”。

小贴士：

伞的故事

1.西湖绸伞为什么是三十二根竹骨？

据说有种产自鸡笼山的竹子，砍下来后重重摔在地上，会裂成均匀的三十二瓣，而且竹节不偏，最初的西湖绸伞就是用这种竹子做成的。后来竹子砍光了，用三十二根竹骨的习俗却延续了下来。

2.中国特殊的伞

种类	特性
油纸伞	世界上最早的雨伞，还用于嫁娶婚俗礼仪中，新娘出嫁下轿时，媒婆会用红色油纸伞遮着新娘以作避邪。老人喜好象征长寿的紫色伞，送葬时则要用白色伞。
绸伞	以西湖绸伞为主，既融合了杭州丝绸的美，伞上的图画、诗作又添了高雅，《白蛇传》中也有“湖畔赠伞”的故事。
工艺伞	春秋时期便有显示统治者威严的黄色"华盖伞"、官员撑的“罗伞”和影视剧中常见的“万民伞”，都是工艺伞的原型。
纱伞	纱伞常用在舞蹈中或舞台表演上，透光性好，多为装饰用途。
绢伞	绢伞用织绢作伞面，会透水，但轻便，便于女子遮阳用。

大有来头的『丝绸之府』

吴越国：织室	北宋：织务	南宋：绫锦院、文绣院、裁造院、染院	元代：织造署、文锦局、织染局	明代：杭州织染局	清代：杭州织造局

『府』这个字很不简单，如成都被称为『天府之国』，那是物产富饶至极才配享有的称号。杭州的茶叶也很有名，杭州却只称『茶都』而不能称『茶府』。那么杭州的『丝绸之府』之称，想必肯定大有来头。在杭州发现的良渚文化遗址出土了一块灰褐色、薄如蝉翼的纺织品，据检验其材质是经过缫制的家蚕丝。由此可知在五千年之前杭州地区丝织业就很发达，也许这里就是中国丝织业的发源地。后来历代的封建君主也都致力于鼓励农桑，春秋时期越国的西施便靠浣纱为生。

经过几千年的沉淀与发展，到了唐朝年间，杭州的绫类已经是『天下之冠』，被列为宫廷贡品之一了。白居易在杭州任刺史的时候非常喜欢本地的丝绸，在他写的诗中有一句『红袖织绫夸柿蒂，青旗沽酒趁梨花』，其中的柿蒂就是当时杭州盛行的柿蒂纹花绫。至于『丝绸之府』的得来要归功于海上丝绸之路和陆上丝绸之路的畅通，杭州的各类织品远销海外各国，被赞叹为『东方艺术之花』。旅行家马可波罗也来过杭州，他在游记中写道：『杭州当地人总是浑身绫绢遍体锦绣』。不难看出其中的羡慕之情。

有这样一句话：『千里迢迢来杭州，半为西湖半为绸。』如今来杭州旅游，不带两条手绢、三条围巾当纪念品，真的不算来过杭州。

西施出生在浙江诸暨苎萝村，其母以浣纱为生，西施长大后也在溪边浣纱，据说水里的鱼儿见到她的美貌自惭形秽沉入水底，故曰"沉鱼"。西施是中国四大美人之首。

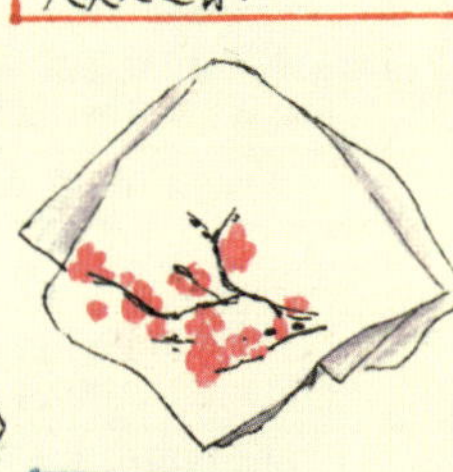

丝绸手帕

西施浣纱

大有来头的“丝绸之府”

“府”这个字很不简单，如成都被称为“天府之国”，那是物产富饶至极才配享有的称号。杭州的茶叶也很有名，杭州却只称“茶都”而不能称“茶府”。那么杭州的“丝绸之府”之称，想必肯定大有来头。

在杭州发现的良渚文化遗址出土了一块灰褐色、薄如蝉翼的纺织品，据检验，其材质是经过缫制的家蚕丝。由此可知，四五千年之前杭州地区丝织业就很发达，也许这里就是中国丝织业的发源地。后来历代的封建君主也都致力于鼓励农桑。春秋时期，越国的西施便靠浣纱为生。

经过几千年的沉淀与发展，到了唐朝年间，杭州的绫类已经是“天下之冠”，被列为宫廷贡品之一了。白居易在杭州任刺史的时候非常喜欢本地的丝绸，在他写的诗中有一句“红袖织绫夸柿蒂,青旗沽酒趁梨花”，其中的“柿蒂”就是当时杭州盛行的柿蒂纹花绫。

至于“丝绸之府”的得来，要归功于海上丝绸之路和陆上丝绸之路的畅通，杭州的各类织品远销海外各国，被赞叹为“东方艺术之花”。旅行家马可波罗也来过杭州，他在游记中写道：“杭州当地人总是浑身绫绢，遍体锦绣。”不难看出其中的羡慕之情。

有这样一句话：“千里迢迢来杭州，半为西湖半为绸。”如今来杭州旅游，不带两条手绢、三条围巾当纪念品，真的不算来过杭州。

小贴士：

西施

西施出生在浙江诸暨苎萝村，其母以浣纱为生，西施长大后也在溪边浣纱，据说水里的鱼儿见到她的美貌自惭形秽沉入水底，故曰“沉鱼”。西施是中国四大美人之首。

杭州历代管理纺织业的官署

吴越国	北宋	南宋	元代	明代	清代
织室	织务	绫锦院、文绣院、裁造院、染院	织造署、文锦局、织染局	杭州织染局	江南三织造局之一：杭州织造局

中国的纸扇早已超脱了『取风纳凉』的初衷，自古以来便是文人墨客喜爱的手中玩物，而杭州纸扇更是纸扇中的翘楚。其实，最早的纸扇价值都在扇骨上，扇面多是黑白宣纸，直到苏东坡在杭州任职时『画扇断案』，扇面题字作画才在全国流行开来。

当年杭州人知道苏东坡要来当刺史，为了等待这位『青天大老爷』可是把脖子都伸长了，衙门口天天聚集着一大群要打官司的人。可是据说苏东坡的首次亮相让人大跌眼镜：头戴方巾，身穿道袍，骑着毛驴就进大堂了，也不换官服，拿出金印就要审案。

第一个案子就很棘手，属于两头难的类型。李艺借给洪毛十两银子做生意，说好半年归还，洪毛用这十两银子在年后来购纸扇，本打算等到夏季卖掉，可没想到梅雨连天，白纸扇上都是霉点，卖不出去了。另一边，李艺正着急娶媳妇，这十两银子不到位就娶不到媳妇了。

古时候婚事大如天，但眼下就算打死洪毛他也拿不出十两银子。苏东坡心想，自己在杭州上任的第一场案子可不能让百姓失望，于是令洪毛取了二十把发霉的纸扇，亲自在纸上画起了『岁寒三友』，霉斑完全被墨色掩盖。二十把画扇卖了二十两银子，李艺高高兴兴回家娶媳妇，洪毛也有了重新做生意的本钱，皆大欢喜。

苏东坡画扇

自此之后，杭州扇面的花鸟鱼虫、山水人物跃然纸上，后来全国也因此刮起了扇面题画之风。苏东坡画扇断案，以真才实学变废为宝也成为千古佳话。

苏东坡画扇断案

中国的纸扇，早已超脱了“取风纳凉”的初衷，自古以来便是文人墨客喜爱的手中玩物，而杭州纸扇更是纸扇中的翘楚。其实，最早的纸扇价值都在扇骨上，扇面多是黑白宣纸，直到苏东坡在杭州任职时“画扇断案”，扇面题字作画才在全国流行开来。

当年杭州人知道苏东坡要来当刺史，为了等待这位“青天大老爷”可是把脖子都抻长了，衙门口天天聚集着一大群要打官司的人。可是据说苏东坡的首次亮相让人大跌眼镜：头戴方巾、身穿道袍、骑着毛驴就进大堂了，也不换官服，拿出金印就要审案。

第一个案子就很棘手，属于两头难的类型。李艺借给洪毛十两银子做生意，说好半年归还，洪毛用这十两银子在年后采购纸扇，本打算等到夏季卖掉，可没想到梅雨连天，白纸扇上都是霉点，卖不出去了。另一边李艺正着急娶媳妇，这十两银子不到位，就娶不到媳妇了。

古时候婚事大如天，但眼下就算打死洪毛他也拿不出十两银子。苏东坡心想，自己在杭州上任的第一场案子可不能让百姓失望，于是令洪毛取了二十把发霉的纸扇，亲自在纸上画起了“岁寒三友”，霉斑完全被墨色掩盖。二十把画扇卖了二十两银子，李艺高高兴兴回家娶媳妇，洪毛也有了重新做生意的本钱，皆大欢喜。

自此之后，杭州扇面的花鸟鱼虫、山水人物跃然纸上，后来全国也因此刮起了扇面题画之风。苏东坡画扇断案，以真才实学变废为宝也成为千古佳话。

小贴士：

杭州王星记纸扇

杭州纸扇老字号“王星记”是中华老字号，创建于清光绪元年(1875年)，有“一把扇子半把伞”的美誉。王星记在传承家族手艺的同时也注重创新，用棕竹和桑皮纸做材料，制出来的扇子既可以扇风取凉，又能遮阳避雨，一举两得，两不相误。

宋徽宗为奇石三下临安

杭州临安市自古以来因盛产奇石闻名，颇受文人墨客与金石爱好者的青睐。北宋皇帝宋徽宗一生独爱奇石，据说曾为寻找奇石，特地三次从开封皇宫前往临安。

当时宋徽宗为了在皇宫园林修建艮岳，曾下旨令全国各地官员搜寻奇石，这一过程劳民伤财，《水浒传》里『花石纲』一事就是讲的这段历史。期间宰相蔡京得知杭州临安县有一块奇石，这块奇石有三尺高，多面镂空，石身上的孔洞表面看似不通，但石身内部却是彼此相通，令人叹为观止。蔡京命人查实，得知这块奇石就在杭州寺庙的『千倾院』，就将奇石的事告诉了宋徽宗。

爱石如命的宋徽宗听就不淡定了，马上下旨出行临安县。

据说宋徽宗到了千倾院看到奇石差点激动得哭出来，当地人都说这石头放在寺院是供奉佛祖所用，如果强行拿走会遭天谴，甚至国破家亡。可宋徽宗早已经被占有欲蒙蔽了心智，哪还管民间的传言，就两个字：带走！带走这一奇石后宋徽宗相信『无独有偶』，所以之后又两次出行临安县，但都没有找到心仪的奇石，唯一增添的却是对当地百姓的负担，也许他还想多来临安几次，可惜金兵把他与他的石头梦一起抓走了。

有人说宋徽宗『嗜石亡国』实言重了些，但也不无道理。

宋徽宗赵佶

历史给予宋徽宗"诸事皆能，独不能为君耳"的评价，可以看出宋徽宗在其他领域还是非常有成就的。

领域	绘画	书法	艺术教育	收藏
成就	邓椿在《画继》中称赞他的画"冠绝古今之美"，著有《瑞鹤图》	独创"瘦金体"，著有《秾芳依翠萼诗帖》	重视翰林书画院并亲自任教，教授《说文解字》《尔雅》《方言》等课	《宣和画谱》记录了他收藏的花鸟画二千七百八十六件，占全部藏品百分之四十四。

小重山

罗绮生香娇上春。金莲开陵海，艳都城。
宝舆回望翠峰青。东风鼓，吹下半天星。
万井贺升平。行歌花满路，月随人。
龙楼一点玉灯明。箫韶远，高宴在蓬瀛。

——赵佶

宋徽宗为奇石三下临安

杭州临安市自古以来因盛产奇石闻名，颇受文人墨客与金石爱好者的青睐。北宋皇帝宋徽宗一生独爱奇石，据说曾为寻找奇石，特地三次从开封皇宫前往临安。

当时宋徽宗为了在皇宫园林修建艮岳，曾下旨令全国各地官员搜寻奇石，这一过程劳民伤财，《水浒传》里“花石纲”一事就是讲的这段历史。期间宰相蔡京得知杭州临安县有一块奇石，这块奇石有三尺高，多面嵌空，石身上的孔洞表面看似不通，但石身内部却是彼此相通，更令人惊奇的是，石头孔洞里自然长出了一株枇杷，令人叹为观止。蔡京命人查实得知这块奇石就在杭州寺庙的“千倾院”，就将奇石的事告诉了宋徽宗。

爱石如命的宋徽宗一听就不淡定了，马上下旨出行临安县。据说宋徽宗到了千倾院看到奇石，差点激动得哭出来。当地人都说这石头放在寺院是供奉佛祖所用，如果强行拿走会遭天谴，甚至国破家亡。可宋徽宗早已经被占有欲蒙蔽了心智，哪还管民间的传言，就两个字：带走！

带走这一奇石后，宋徽宗相信“无独有偶”，所以之后又两次出行临安县，但都没有找到心仪的奇石，唯一增添的却是对当地百姓的负担。也许他还想多来临安几次，可惜金兵把他与他的石头梦一起抓走了。

有人说宋徽宗“嗜石亡国”，虽言重了些但也不无道理。一个人有爱好不是坏事，但要明白做事的轻重缓急，玩物丧志往往和服毒药并无两样。

小贴士：

宋徽宗的成就

历史给予了宋徽宗“诸事皆能，独不能为君耳”的评价，可以看出宋徽宗在其他领域还是非常有成就的。

涉及领域	成就
绘画	邓椿在《画继》中称赞他的画“冠绝古今之美”，著有《瑞鹤图》。
书法	独创“瘦金体”，著有《秾芳依翠萼诗帖》。
艺术教育发展	重视翰林书画院并亲身任教。教授《说文解字》《尔雅》《方言》《释名》等课程。
收藏	《宣和画谱》记录了他收藏的花鸟画二千七百八十六件，占全部藏品的百分之四十四。

一尊回不了国的南宋官窑青瓷

China，它的意思是『中国』，也是『瓷器』。古时候外国人眼中的『瓷器』就代表中国。瓷器在中国始于汉代，至宋代瓷窑遍及大半个中国，堪称最辉煌的时期。其中『五大名窑』的作品更是昂贵。杭州南宋官窑的青瓷就是其中的佼佼者，只可惜有一件『鼎形香炉』也许再也不能回国了。

日本三菱二代社长岩崎弥之助创立的『静嘉堂』，是东京著名的文化收藏交流场所。据说其中藏有中日古籍二十万册，美术作品六千多件，而中国陶瓷也有一千多件，南宋官窑的一件『青瓷鼎形香炉』就在其中。

这件珍品传入日本的故事，详细地记载在广田松繁的传记《走过的路》中。民国时期，广田在北京做生意，某古玩店老板李氏告诉他，叶先生得到一件旧时圆明园的宝物，是个香炉，只瞧了一眼，没看真切，但肯定是宋代的物件，说是要带到美国卖掉。广田听后飞速跑去叶先生宅邸，据说软磨硬泡，最后恨不得以命相抵，才以两万银元买下了这尊香炉。这时他还不知道这是南宋官窑的瓷器。

广田带着香炉回到日本不足三天时间，岩崎小弥太就闻风而来，他一眼就看中了这尊香炉，并给出三万日元（约合如今人民币一千二百万～二千四百万元）的高价。由于价格远超广田预计，静嘉堂也就成了这尊香炉的最终归属了。

后人惋惜之余也会反思：它在东京，但它的老家在杭州，它一定会想念家乡，可它回不来了。现如今，杭州依然有『仿南宋官窑青瓷』，也同样被世人喜爱，只是缺少了些许古意。

一尊回不了国的南宋官窑青瓷

China，它的意思是“中国”，也是“瓷器”，古时候外国人眼中的“瓷器”就代表中国。瓷器在中国始于汉代，至宋代瓷窑遍及大半个中国，堪称最辉煌的时期，其中“五大名窑”的作品更是昂贵。杭州南宋官窑的青瓷就是其中的佼佼者，只可惜有一件“鼎形香炉”也许再也不能回国了。

日本三菱二代社长岩崎弥之助创立的“静嘉堂”，是东京著名的文化收藏交流场所，据说其中藏有中日古籍二十万册，美术作品六千多件，而中国陶瓷也有一千多件，南宋官窑的一件“青瓷鼎形香炉”就在其中。

这件珍品传入日本的故事，详细地记载在广田松繁的传记《走过的路》中。民国时期，广田在北京做生意，某古玩店老板李氏告诉他，叶先生得到一件旧时圆明园的宝物，是个香炉，只瞧了一眼没看真切，但肯定是宋代的物件，说是要带到美国卖掉。广田听后飞速跑去叶先生宅邸，据说软磨硬泡最后恨不得以命相抵，才以两万银元买下了这尊香炉。这时他还不知道这是南宋官窑的瓷器。

广田带着香炉回到日本不足三天时间，岩崎小弥太就闻风而来，他一眼就看中了这尊香炉，并给出三万日元（约合如今人民币1200万~2400万元）的高价。由于价格远超广田预计，静嘉堂也就成了这尊香炉的最终归属了。

后人惋惜之余也会反思：它在东京，但它的老家在杭州，它一定会想念家乡，可它回不来了。现如今，杭州依然有“仿南宋官窑青瓷”，也同样被世人喜爱，只是缺少了些许古意。

杭州的百年老字号

翁隆盛茶号

最初人们喝的茶是叫作『龙团凤饼』的茶饼，翁隆盛的创始人翁跃庭研制成了一种扁平的散茶，取名『龙井茶』。

一七三九年，翁隆盛正式挂牌成立，茶号推出的『狮』『龙』『云』『虎』四个字号的茶种远远领先其他茶号。乾隆皇帝南巡杭州时，亲临翁隆盛观看炒茶制茶，并赐『天字第一茶号』的招牌，《红楼梦》里有一句：『此茶只应天上有，人间哪得半回尝』，说的就是翁隆盛的茶。

制茶的步骤

1. 采青
2. 萎凋
3. 发酵
a 香变
b 色变
c 味变
4 杀青
5 揉捻
6 干燥
7 初制茶
8 精制
a 筛分
b 剪切
c 拣梗
d 覆火
e 风选
9 加工
10 包装

皇饭儿

杭州皇饭儿的具体创办时间已不可考，不过却不妨碍乾隆题写『皇饭儿』的故事流传。据说乾隆来杭州的时候被一个平民王顺兴招待了一道鱼头豆腐，就此念念不忘，后来便赏钱给王顺兴，让他开一家饭馆，赐牌匾『皇饭儿』给他。装潢华丽亮堂，很有皇气和派头，店里的鱼头豆腐和咸件儿不能错过。

"五杭四昌"是当地人对杭州商界名店铺的民间俗称。"五杭"指杭扇、杭剪、杭线、杭粉、杭烟。"四昌"代表的是四家南货店，即颐德昌、胡宏昌、胡日昌和冯仁昌。

杭州的百年老字号

翁隆盛茶号

最初，人们喝的茶是叫作“龙团凤饼”的茶饼。翁隆盛的创始人翁跃庭研制成了一种扁平的散茶，取名“龙井茶”。1729年，翁隆盛正式挂牌成立，茶号推出的“狮”“龙”“云”“虎”四个字号的茶种远远领先其他茶号。乾隆皇帝南巡杭州时，亲临翁隆盛观看炒茶制茶，并赐下“天字第一茶号”的招牌。《红楼梦》里有一句：“此茶只应天上有，人间哪得半回尝”，说的就是翁隆盛的茶。

皇饭儿

杭州皇饭儿的具体创办时间已不可考，不过却不妨碍乾隆题写“皇饭儿”的故事流传。据说乾隆来杭州的时候被一个平民王顺兴招待了一道鱼头豆腐，就此念念不忘，后来便赏钱给王顺兴，让他开了一家饭馆，赐牌匾“皇饭儿”给他。“皇饭儿”装潢华丽亮堂，很有皇气和派头，店里的鱼头豆腐和咸件儿不能错过。

方回春堂

一六四九年，钱塘人方清怡创办了方回春堂。方回春堂的中药炮制技术非常高超，并且有祖传秘制的小儿回春丸，拯救了无数幼儿，在江南一带妇孺皆知。方回春堂是晚清有能力操纵杭州药材市场的六大药铺之一，其余五家分别是胡庆余堂、方承志堂、叶种德堂、张同春堂和泰山堂。

楼外楼

一八四八年，杭州孤山脚下开了一家『楼外楼』，店名取自『山外青山楼外楼』，老板是落第秀才洪瑞堂。最初楼外楼只是平房，因洪瑞堂湖鲜做得好，很快生意有了起色。店里的叫花鸡用的是『越鸡』、绍酒和西湖荷叶，清香扑鼻，绝对是杭州菜的佳品。

高义泰

一九〇五年，杭州富商高子韶出资白银八百两，在大水桥西开办了高义泰布庄。最初生意兴隆，谁知道突如其来一场大火，基业全毁。一九二三年，高氏在原址盖起了四层大楼重新营业，是当时那个区域最高的楼。

孔凤春香粉

一八六二年，走街串巷卖『刨花』的卖货郎孔传鸿创办了一家『孔凤春香粉店』，这是历史上记载的第一家化妆品企业。店里生产的『鸭蛋粉』是慈禧太后专用的化妆品。到了现代，店里生产的防冻液还是『南极考察队的防冻专用品』。秉持着『天赋丽质，和谐之美』的理念，孔凤春香粉得以经久不衰。

奎元馆

奎元馆开创于一八六七年，最初叫『魁元馆』，店名是店老板邀请清同治年间的状元所题，后来被某一任老板改名『奎元馆』。杭州有这么句话：『到杭州不吃奎元馆的面，等于没有游过杭州。』奎元馆的虾爆鳝面一定要品尝，这是这家号称『江南面王』的餐馆的主打。

边福茂鞋店

一八四五年在杭州长庆巷口开了一家鞋店，店主人是边春景，制鞋手艺一流。他的儿子边福茂继承父亲手艺，在清末民初的乱世中将鞋店扩大，甚至在上海开设了分店。当时杭州有句俗语叫『头顶天，脚踏边』，说的就是头上要戴『天章』的帽子，脚上要穿『边福茂』的鞋子才算流行。

你知道吗？最早运往美国、英国的中国茶叶出自翁隆盛茶号。乾隆五十年（1785年），"中国皇后"号海轮装载着"翁隆盛"的龙井茶到了美国纽约。清道光三十年（1850年）美国第一艘快艇"东方号"把"翁隆盛"的龙井茶运到了伦敦。

方回春堂

1649年，钱塘人方清怡创办了方回春堂，方回春堂的中药炮制技术非常高超，并且有祖传秘制的小儿回春丸，拯救了无数幼儿，在江南一带妇孺皆知。方回春堂是晚清有能力操纵杭州药材市场的六大药铺之一，其余五家分别是胡庆余堂、万承志堂、叶种德堂、张同泰堂和泰山堂。

楼外楼

1848年，杭州孤山脚下开了一家“楼外楼”，店名取自“山外青山楼外楼”，老板是落第秀才洪瑞堂。最初的楼外楼只是平房，因洪瑞堂湖鲜做得好，很快生意就有了起色。店里的“叫花鸡”用的是“越鸡”、绍酒和西湖荷叶烹饪而成，清香扑鼻，绝对是杭州菜的佳品。

高义泰

1905年，杭州富商高子韶出资白银800两，在天水桥西开办了高义泰布庄。最初生意兴隆，谁知道突如其来一场大火，基业全毁。1923年，高氏在原址盖起了四层大楼重新营业，是当时那个区域最高的楼。

孔凤春香粉

1862年，走街串巷卖“刨花”的卖货郎孔传鸿创办了一家“孔凤春香粉店”，这是中国历史上记载的第一家化妆品企业。店里生产的“鹅蛋粉”是慈禧太后专用的化妆品，到了现代，店里生产的防冻液还是“南极考察队的防冻专用品”。秉持着“天赋丽质，和谐之美”的理念，孔凤春香粉得以经久不衰。

奎元馆

奎元馆开创于1867年，最初叫“魁元馆”，店名是店老板邀请清同治年间的状元所题，后来被某一任老板改名为“奎元馆”。杭州有这么一句话：“到杭州不吃奎元馆的面，等于没有游过杭州。”奎元馆的虾爆鳝面一定要尝尝，这是这家号称“江南面王”的餐馆的主打。

边福茂鞋店

1845年在杭州长庆巷五老巷口开了一家鞋店，店主人是边春豪，制鞋手艺一流。他的儿子边福茂继承父亲手艺，在清末民初的乱世中将鞋店扩大，甚至在上海开设了分店。当时杭州有句俗语叫“头顶天，脚踏边”，说的就是头上要戴 “天章”的帽子，脚上要穿“边福茂”的鞋子才算流行。

百年汇昌

一八〇〇年，汇昌南北货栈创立，旗下有蜡烛、蜜饯、茶食、藕粉四个作坊，经营各种果品、蜜饯、炒货、蜡烛。当时杭州有句俗语『汇昌蜜饯，夏昌糖，熊饼茶食李恒昌，零零碎碎跑华昌』。汇昌的地位可见一斑。后来，汇昌的蜜饯和蜡烛被道光皇帝选为贡品。

邵芝岩笔庄

一八六二年，一家名为『粲花室』的笔庄在杭州三元坊开业，老板是慈溪人邵芝严。笔庄经营有方，后来干脆改为老板名字的谐音『邵芝岩笔庄』。店里制作的毛笔以『尖、齐、圆、健』四绝为特色，是清廷的贡品，并且在十二次中外展览会上都获得奖项。其产品『芝兰图毛笔』特别有名，受到许多著名书法家画家推崇。

景阳观

一九〇七年，浙江诸暨人寿达清只身来到杭州在佑圣观巷口开了一家『景阳观』酱菜店。店里生产的『双插瓜』脆嫩酸甜，口感鲜美，偶然中被杭州大官王文韶品尝到，他立马用它结交皇族和同僚。没过多久，『景阳观』的双插瓜竟然上了慈禧太后的餐桌，成了『贡品』。景阳观与北京六必居、扬州三和四美、济宁玉堂并称为中国四大酱菜店。

狼毫与紫毫

狼毫是用黄鼠狼的尾部毛制成的毛笔，而不是大灰狼的毛。狼毫笔以东北产的"北狼毫""关东辽尾"最好。

紫毫是用深紫色的野兔毛制成，硬度超狼毫

都锦生丝织厂

一九二二年杭州人都锦生在茅家埠办起了丝织厂。都锦生的织锦手艺非常高超，他在工科学校任教习的时候便亲手织出了第一幅丝织风景画《九溪十八涧》。最初的都锦生丝织厂只是家庭小作坊，生产力不高，产出的织锦却件件精品，甚至夺得了一九二六年费城博览会金质奖章。可惜战争年代很快到来，都锦生丝织厂命运坎坷，直到新中国成立后才走上正轨。

杭州还有哪些百年老店

富义仓米业	万隆
亨得利钟表	西乐园羊汤
豫丰祥百货	浪花
法根食品	采芝斋
喜得宝	浣花斋
十竹斋	吴越人家
李顺德	解百
朱一堂	张同泰
保和堂	致中和
叶种德堂	塔牌
芝兰图牌	素春斋
朱养心	金舞台

百年汇昌

1800年，汇昌南北货栈创立，旗下有蜡烛、蜜饯、茶食、藕粉四个作坊，经营各种果品、蜜饯、炒货和蜡烛。当时杭州有一句俗语："汇昌蜜饯、复昌糖，糕饼茶食李恒昌，零零碎碎跑华昌。"汇昌的地位可见一斑。后来，汇昌的蜜饯和蜡烛被道光皇帝选为贡品。

景阳观

1907年，浙江诸暨人寿达清只身来到杭州，在佑圣观巷口开了一家"景阳观"酱菜店。店里生产的"双插瓜"脆嫩酸甜，口感鲜美，偶然中被杭州大官王文韶品尝到，他立马用它结交皇族和同僚。没过多久，"景阳观"的双插瓜竟然上了慈禧太后的餐桌，成了贡品。景阳观与北京六必居、扬州三和四美、济宁玉堂并称为中国四大酱菜店。

邵芝岩笔庄

1862年，一家名为"粲花宝"的笔庄在杭州三元坊开业，老板是慈溪人邵芝严。笔庄经营有方，后来干脆改为老板名字的谐音"邵芝岩笔庄"。店里制作的毛笔以"尖、齐、圆、健"四绝为特色，是清廷的贡品，并且在十二次中外展览会上都获得奖项。其产品"芝兰图毛笔"特别有名，受到许多著名书法家、画家推崇。

都锦生丝织厂

1922年，杭州人都锦生在茅家埠办起了丝织厂。都锦生的织锦手艺非常高超，他在工科学校任教习的时候便亲手织出了第一幅丝织风景画《九溪十八涧》。最初的都锦生丝织厂只是家庭小作坊，生产力不高，产出的织锦却件件精品，甚至夺得了1926年费城博览会金质奖章。可惜战争年代很快到来，都锦生丝织厂命运坎坷，直到新中国成立后才走上正轨。

小贴士：

杭州趣闻

1.五杭四昌

"五杭四昌"是当地人对杭州商界名店名产的民间俗称。"五杭"是指杭扇、杭剪、杭线、杭粉、杭烟。"四昌"代表的是四家南货店，即顾德昌、胡宏昌、胡日昌和冯仁昌。

2.杭州还有哪些百年老店？

富义仓米业	喜得宝	保和堂	万隆	浣花斋	致中和
亨得利钟表	十竹斋	叶种德堂	西乐园羊汤	吴越人家	塔牌
豫丰祥百货	李德顺	芝兰图牌	浪花	解百	素春斋
法根食品	朱一堂	朱养心	采芝斋	张同泰	金舞台

3. 你知道吗？最早运往美国和英国的中国茶叶出自翁隆盛茶号。乾隆五十年（ 1785 ），"中国皇后"号海轮装载着"翁隆盛"的龙井茶到了美国纽约。清道光三十年（ 1850 ），美国第一艘快艇"东方号"把"翁隆盛"的龙井茶运到了伦敦。

第五章

杭州情趣

杭州方言—颇具趣味的『小语种』

近几年各大高校『小语种』异常火爆，学习小语种竞争少，机会多，随之很多人将国内各地方言也戏称为『小语种』。杭州方言就是名副其实的『小语种』，细致区分，它属于吴语太湖片中杭州小片，可别小看这杭州话，在当地关键时刻能『化险为夷』。

据说《杭州日报》上曾登过一则趣事：解放路上一个外地小伙儿因跑得太快撞倒了一个老太太。由于方言的关系，差点演化成了『碰瓷儿』。老太太本不打算难为小伙，只说了句『你个小子啊，宰得同鉊条儿射箭介(谐音)的。』老太刚打算走，小伙连忙赔不是说了两声『sorry(对不起)』，老太太突然就火了，拽着小伙不松手说道：『撞人了，还说我骚嘞，说灵清来！』原来『骚嘞』是杭州方言里损人的话，放在女性身上更是不雅，所以老太太才不依不饶。

小伙以为是碰瓷儿的，第一反应就是报警。还好路人帮助其解围，对老太太说『刹锣刹锣，人家是英语，问你说「对不起」呢，洋泾浜你不懂』。『刹锣』是让老太太别较真了，『洋泾浜』就是普通话『洋玩意儿』的意思。路人又对小伙说：『给老人吃个喷头吧。』小伙更蒙了，不知道『吃喷头』是当地说好话、拍马屁的意思，直接拿出钱要给老人买个喷头，这个闹剧就在全场哄笑中落幕了。

杭州方言说起来颇有趣味，研究人员总结，其方言多用物品、人物特质来做形容词，如解手称为『杂物』，方便称为『杂西』。如此说来，杭州方言算得上是中国当代『小语种』里『象形词』大集合。

杭州方言——颇具趣味的“小语种”

近几年各大高校“小语种”异常火爆，学习小语种竞争少，机会多，随之很多人将国内各地方言也戏称为“小语种”。杭州方言就是名副其实的“小语种”，细致区分，它属于吴语太湖片中的杭州小片，可别小看这杭州话，在当地关键时刻能“化险为夷”。

据说《杭州日报》上曾登过一则趣事：解放路上一个外地小伙儿因跑得太快撞倒了一个老太太，由于方言的关系，差点演化成了“碰瓷儿”。老太太本不打算难为小伙，只说了句“你个小子啊，窜得同鲳条儿射箭介（谐音）的。”老太太刚打算走，小伙连忙赔不是说了两声“Sorry（对不起）”，老太太突然就火了，拽着小伙不松手说道：“撞人了，还说我骚嘞，说灵清来！”原来，“骚嘞”是杭州方言里损人的话，放在女性身上更是不雅，所以老太太才不依不饶。

小伙以为是碰瓷儿的，第一反应就是报警。还好路人帮助其解围，对老太太说：“刹锣刹锣，人家是英语，同你说‘对不起’呢，洋泾浜你不懂。”“刹锣”是让老太太别较真了，“洋泾浜”就是普通话“洋玩意儿”的意思。路人又对小伙说：“给老人吃个喷头吧。”小伙更蒙了，不知道“吃喷头”是当地说好话、拍马屁的意思，直接拿出钱要给老人买个喷头，这个闹剧就在全场哄笑中落幕了。

杭州方言说起来颇有趣味，研究人员总结：其方言多用物品、人物特质来做形容词，如解手称为“杂物”，方便称为“杂西”。如此说来，杭州方言算得上是中国当代“小语种”里的“象形词”大集合了。

小贴士：

有种普通话叫杭州话

有种恋人叫套儿，
有种耍流氓叫丫桌。
有种赞扬叫靠的老，
有种骂人话叫实你挖得。
有种难弄叫勒格，
有种肉麻叫利儿，
有种闪电叫豁闪，
有种谎言叫造话，
有种时候叫辰光，
有种粗劣茶叫老茶婆。

第一部杭州方言电影《岁岁清明》

《岁岁清明》讲述了抗日战争时期的一段杭州城事。故事里有国仇家恨、有市井风情、有男女情话，还有杭州的茶文化，最特别的是，影片全部采用杭州话拍摄。

娃哈哈品牌背后的故事

一九八七年，宗庆后带着两个退休教师，蹬着平板车走街串巷卖棒冰、汽水以及文具，开始资本积累。有点钱后，宗庆后结束了街边吆喝工作，转而为别人加工口服液，但这毕竟不是做大生意的办法，有自己的品牌才是长久之计。当时正是计划生育政策严格时期，很多独生子女因家人的溺爱，变成了『小皇帝』『小公主』，严重挑食。而当时全国三十八家生产营养液的企业，竟无一家生产儿童营养液。宗庆后嗅到商机后，于一九八九年迅速成立杭州娃哈哈营养食品厂，开发以『药食同源』为指导，解决儿童不愿吃饭问题的儿童营养液，迅速席卷儿童市场，『娃哈哈』成为小孩们心中的至尊饮料。仅一年的时间，娃哈哈产值就突破亿元大关，在社会上引起轰动。

娃哈哈系列产品

为避免山寨，保证娃哈哈品牌的声誉，宗庆后在给娃哈哈商标注册的同时，不仅将包装上的图案进行注册，还对娃哈哈的『兄弟姐妹』，比如『哈哈娃』『哈娃娃』『哈娃哈』也进行了注册，做到三百六十度全方位无死角地杜绝山寨，避免了像『七个核桃』『八个核桃』之类的苦恼。

不过娃哈哈也有苦恼，那就是当他们站稳儿童市场，想向成人市场进军的时候，『娃哈哈』三个字显得比较幼稚，不利于推广产品。经考虑，宗庆后认为，与其花代价重新再造一个品牌，不如延伸原有品牌旋即又推出了『酸酸的，甜甜的』娃哈哈果奶，『我的眼里只有你』娃哈哈纯净水以及『娃哈哈营养八宝粥』等系列产品。如今几乎每个人都买过娃哈哈产品，娃哈哈获得全面成功，宗庆后也在二〇一五年以一百零三亿美元的身家位列福布斯华人富豪榜第十八名。

娃哈哈外包装里的门道

在给娃哈哈起名的时候，宗庆后并没有受传统营养液起名习惯的影响，将其命名为“××素”、“××精”之类，而是看中了新疆儿歌《娃哈哈》的名字，因为“娃哈哈”三字发音响亮且《娃哈哈》歌曲早已红遍了大江南北。在娃哈哈的包装上，设计师们故意夸张、扩大娃哈哈文字图像，大胆使用红绿配色。

娃哈哈品牌背后的故事

1987年，宗庆后带着两个退休教师，蹬着平板车走街串巷卖棒冰、汽水以及文具，开始了资本积累。

有点钱后，宗庆后结束了街边吆喝工作，转而为别人加工口服液，但这毕竟不是做大生意的办法，有自己的品牌才是长久之计。当时正是计划生育政策严格时期，很多独生子女因家人溺爱，变成了“小皇帝”“小公主”，严重挑食。而当时全国38家生产营养液的企业，竟无一家生产儿童营养液。宗庆后嗅到商机后，于1989年迅速成立杭州娃哈哈营养食品厂，开发以“药食同源”为指导、解决儿童不愿吃饭问题的儿童营养液，迅速席卷儿童市场，“娃哈哈”成为小孩们心中的至尊饮料。仅一年的时间，娃哈哈产值就突破亿元大关，在社会上引起轰动。

为避免山寨，保证娃哈哈品牌的声誉，宗庆后在给娃哈哈商标注册的同时，不仅将包装上的图案进行注册，还对娃哈哈的“兄弟姐妹”，比如“哈哈娃”“哈娃娃”“哈娃哈”也进行了注册，做到360度全方位无死角地杜绝山寨，避免了像“七个核桃”“八个核桃”之类的苦恼。

不过娃哈哈也有苦恼，那就是当他们站稳儿童市场，想向成人市场进军的时候，“娃哈哈”三个字显得比较幼稚，不利于推广产品。经考虑，宗庆后认为，与其花代价重新再造一个品牌，不如延伸原有品牌，旋即又推出了“酸酸的，甜甜的”娃哈哈果奶、“我的眼里只有你”娃哈哈纯净水以及“娃哈哈营养八宝粥”等系列产品。如今，几乎每个人都买过娃哈哈产品，娃哈哈获得全面成功，宗庆后也在2015年以103亿美元的身家位列福布斯华人富豪榜第18名。

小贴士：

娃哈哈外包装里的门道

1.在给娃哈哈取名的时候，宗庆后并没有受传统营养液起名习惯的影响，将其命名为“××素”“××精”之类，而是看中了新疆儿歌《娃哈哈》的名字。因为“娃哈哈”三字，发音响亮，孩子极易模仿，容易被记住。而且歌曲《娃哈哈》早已红遍大江南北，借着歌曲在儿童中的名气能提高知名度。

2.在设计娃哈哈产品包装的问题上，娃哈哈的设计者们故意夸张、扩大娃哈哈的文字和图像，并用醒目的红色和绿色使其突出，也极其有效地强化了消费者对娃哈哈品牌的记忆。

长寿的老公交

杭州有趣七路公交车，是陪伴了杭州人九十多年的老公交。一九二二年，杭州的宝华汽车行和永华汽车行共同开通了一条从湖滨到灵隐的固定公交线路——七路车。当时这辆白顶红车身的公交车一上路立马引起了杭州人的兴趣，虽然只有二十个座位，却经常载满了乘客。

甲虫车

在七路车上路之前，杭州人出行多数坐的是人力黄包车，还有一种独轮车。从茅家埠去灵隐要走一条崎岖难行的进香古道，独轮车的推车人就在道旁招揽客人。这种独轮车与成都的鸡公车不同，与东北的手推车也不同，它的轮子很大，有将近半人高，轮子两边支起几根木头绑在一起，左右可以放东西，推车人的前面可以坐人。虽然稍显笨重，但在颠簸的山路上却非常稳当。

一九五八年，杭州的公交车大变样，做出了一种木制骨架、毛竹片车身的公交客运挂车。车辆行进中没有了铁片摩擦的刺耳声，反倒发出『咚咚』的木板撞击声，颇有种原始木板车的亲近自然之感。可惜由于汽油奇缺，木板车的头顶上很快鼓起了一个个『大包』，里面装的是代替汽油的煤气。『大包』则是贮气袋。车辆一发动，柔软的贮气袋也跟着微微晃动，仿如活物。杭州人很生动地称这种车为『甲虫车』。

杭州的陆上交通非常便利，充满了本地特色。聪明的杭州人首创了刷IC卡乘车的先例，把无人售票这一想法变成现实，很快流行于全国。

七路公交车

黄包车

杭州特色专线

线路	特色	途经站点
K4路 取水专线	去虎跑泉的粉丝们最爱	西湖大道、长桥、虎跑泉、六和塔
K155路 爱情专线	形如"Kiss"，或许能邂逅爱情	水漾桥、龙翔桥、半道红、米市巷
K192路 买菜专线	一周两趟淘新鲜蔬菜	农副产品物流中心、勾庄、武林广场
51路 赏景专线	寂寞时最好的旅游线路	清波门、浴鹄湾、断桥、涌金门
52路 保健专线	早起一串，晨练好去处	杭州花圃、苏堤、灵山广场、葛岭

长寿的老公交

杭州有趟7路公交车，是陪伴了杭州人九十多年的老公交。1922年，杭州的宝华汽车行和永华汽车行共同开通了一条从湖滨到灵隐的固定公交线路——7路车。当时这辆白顶红车身的公交车一上路立马引起了杭州人的兴趣，虽然只有20个座位，却经常载满了乘客。

在7路车上路之前，杭州人出行多数坐的是人力黄包车，还有一种独轮车。从茅家埠去灵隐要走一条崎岖难行的进香古道，独轮车的推车人就在道旁招揽客人。这种独轮车与成都的鸡公车不同，与东北的手推车也不同，它的轮子很大，有将近半人高，轮子两边支起几根木头绑在一起，左右可以放东西，推车人的前面可以坐人。虽然稍显笨重，但在颠簸的山路上却非常稳当。

1958年，杭州的公交车大变样，做出了一种木制骨架、毛竹片车身的公交客运挂车。车辆行进中没有了铁片摩擦的刺耳声，反倒发出“咚咚”的木板撞击声，颇有种原始木板车的亲近自然之感。可惜由于汽油奇缺，木板车的头顶上很快鼓起了一个个“大包”，里面装的是代替汽油的煤气，“大包”则是贮气袋。车辆一发动，柔软的贮气袋也跟着微微晃动，仿如活物，杭州人很生动地称这种车为“甲虫车”。

杭州的陆上交通非常便利，充满了本地特色。聪明的杭州人首创了刷IC卡乘车的先例，把无人售票这一想法变成现实，很快流行于全国。

小贴士：

杭州特色专线

线路	特色	途经站点
K4路：取水专线	去虎跑泉的粉丝们最爱	西湖大道、长桥、虎跑泉、六和塔
K155路：爱情专线	形如“kiss”，或许能邂逅一段感情	水漾桥、龙翔桥、半道红、米市巷
K192路：买菜专线	一周两趟淘新鲜蔬菜	农副产品物流中心、勾庄、武林小广场
51路：赏景专线	寂寞时最好的疗伤线路	清波门、浴鹄湾、断桥、涌金门
52路：保健专线	串起一串，晨练好去处	杭州花圃、苏堤、吴山广场、葛岭

河坊街的那些事

大约九百年前南宋皇帝赵构定都杭州，筑九里皇城，开十里天街。皇亲国戚、达官贵人为靠近权力中心在皇宫外围天街两侧建私宅无数。击退金兵、被封为清河郡王的大将张俊也不例外。他见太平巷一带已相当繁华，而且就在皇城根下，遂在此建清河郡王府。这一带便也被叫成『清河坊』了。

因靠近皇城，达官显贵消费能力强，清河坊迅速发展成杭州最繁华的商业区，甚至有了『前朝后市』（前朝指南宋皇城，后市指『河坊街』）一说。南宋没多久就灭亡了，但是河坊街却一直兴盛下去，历经元明清，吸金能力越来越强。除了王星记扇子铺、张小泉剪刀铺、方隆火腿栈、胡庆余堂药店、叶种德堂老药房、宋宝斋画廊等知名店铺，流动的小贩艺人也能日进斗金。

上世纪五十年代的社会主义改造将大批商店收归国有后，杭州商业中心北移，除了胡庆余堂药店等百年老店和一些传统手工作坊外，清河坊只剩满地落寞。杭州开始轰轰烈烈的旧城改造工作后，一九九九年，河坊街竟被列入拆迁名单。市民黄晓杭得知这一消息后，急忙给杭州市委、市政府写信说：『文物不能再生，毁之将千古遗恨，若拆除重建也会变成赝品，价值将顿失。保护河坊街已刻不容缓。』杭州市长被这样的文字打动，拆迁计划被重新研究，最终墙上大大的『拆』字被抹去，河坊街被重新修缮。

河坊街不仅古老，也很时尚。2014年，河坊街实现了免费wifi覆盖，还推出了"智慧旅游"开发旅游APP，以文字图片、音频等形式为大家提供静态景点介绍，满足新时代的需求。

沉寂了这么多年的河坊街，又重新热闹了起来。河坊街不单是一条商业街，它还是一座活的历史档案馆，记载着杭州的历史。河坊街的老店很多年过百龄，店里卖的物什，很可能是几百年前的工艺，这些无声的东西时常会让你产生在明清朝代的错觉。

河坊街街景

河坊街的那些事

大约900年前，南宋皇帝赵构定都杭州，筑九里皇城，开十里天街。皇亲国戚、达官贵人为靠近权力中心，在皇宫外围、天街两侧建私宅无数，击退金兵、被封为清河郡王的大将张俊也不例外。他见太平巷一带已相当繁华，而且就在皇城根下，遂在此建清河郡王府，这一带便也被叫成“清河坊”了。

因靠近皇城，达官显贵消费能力强，清河坊迅速发展成杭州最繁华的商业区，甚至有了“前朝后市”（前朝指南宋皇城，后市指“河坊街”）一说。南宋没多久就灭亡了，但是河坊街却一直兴盛下去，历经元明清，吸金能力越来越强。除了王星记扇子铺、张小泉剪刀铺、万隆火腿栈、胡庆余堂药店、叶种德堂老药房、荣宝斋画廊等知名店铺，流动的小贩、艺人也能日进斗金。

上世纪50年代的社会主义改造将大批商店收归国有后，杭州商业中心北移，除了胡庆余堂药店等百年老店和一些传统手工作坊外，清河坊只剩满地落寞。杭州开始轰轰烈烈的旧城改造工作后，1999年，河坊街竟被列入拆迁名单。市民黄晓杭得知这一消息后，急忙给杭州市委、市政府写信说：“文物不能再生，毁之将千古遗恨；若拆除重建，也会变成赝品，价值将顿失，保护河坊街已刻不容缓。”杭州市长被这样的文字打动，拆迁计划被重新研究，最终墙上大大的“拆”字被抹去，河坊街被重新修缮。沉寂了这么多年的河坊街，又重新热闹了起来。

河坊街不单是一条商业街，它还是一座活的历史档案馆，记载着杭州的历史。河坊街的老店很多年过百龄，店里卖的物什，很可能是几百年前的工艺，这些无声的东西，时常会让你产生在明清朝代的错觉。

小贴士：

时尚的河坊街

河坊街不仅古老，也很时尚。2014年，河坊街实现了免费WiFi（无线网络）覆盖，还推出“智慧旅游”，开发旅游APP（智能手机的第三方应用程序），以文字、图片、音频等形式为大家提供静态景点介绍，满足新时代的需求。

知味观的『干炸响铃』没有馅

『干炸响铃』是杭州名菜之一，以豆皮裹馅做成马铃状，入锅油炸食用。杭州餐馆一般是肉馅，寺院则用素馅。整个杭州，只有知味观的『干炸响铃』没有馅，但这可不是欺骗消费者，恰是『诚信为本』的体现。

干炸响铃

『知味观』建于一九一三年，老板孙翼斋为吸引食客，亲自写下『欲知我味 观料便知』八个字贴在门楣上，随后传下『谨守八字』的口谕，一时间生意兴隆。

然而，每个年代都有碰瓷儿的。据说新中国成立初期，几个当地混混来到知味观。先问了这八个字是什么意思，掌柜说这是祖上传下来的话，意思是只要客人看到做菜品的原料，就知道其中的美味。正如店里的『幸福双』『西施舌』『金牌扣肉』等，都是菜品一上桌，客人一看就明白而且原汁原味。几个混混相视一笑，就点了一道『干炸响铃』。

当时知味观的干炸响铃也是肉馅，所以菜品看似是豆皮，但肉味更浓。几个混混借此开始犯浑，说明明看着是豆皮，吃着却没有豆腐味，这完全与门楣上的八字不符，要开始闹事砸招牌。为解燃眉之急，老板立即说是上错菜了，干炸响铃还没做好。等到再上菜的时候，就是一道纯粹的『炸豆皮花』，配上酱汁、肉末等蘸食，几个混混无话可说。无馅的干炸响铃，居然慢慢成了知味观的一大特色，同时也戏剧性地符合了祖训。

『闻香下马知味停车』是后人给知味观更高的评价。有些饭店需要立足于创新，有些老店则胜在回归传统，知味观无疑是后者。

知味观的“干炸响铃”没有馅

“干炸响铃”是杭州名菜之一，以豆皮裹馅做成马铃状，入锅油炸食用，杭州餐馆一般是肉馅，寺院则用素馅。整个杭州，只有知味观的“干炸响铃”没有馅，但这可不是欺骗消费者，恰是“诚信为本”的体现。

知味观建于1913年，老板孙翼斋为吸引食客，亲自写下“欲知我味，观料便知”八个字贴在门楣上，随后传下“谨守八字”的口谕，一时间生意兴隆。

然而，每个年代都有碰瓷儿的。据说新中国成立初期，几个当地混混来到知味观。先问了这八个字是什么意思，掌柜说这是祖上传下来的话，意思是只要客人看到做菜品的原料，就知道其中的美味。正如店里的“幸福双”“西施舌”“金牌扣肉”等，都是菜品一上桌，客人一看就明白，而且原汁原味。几个混混相视一笑，就点了一道“干炸响铃”。

当时知味观的干炸响铃也是肉馅，所以菜品看似是豆皮，但肉味更浓。几个混混借此开始犯浑，说明明看着是豆皮，吃着却没有豆腐味，这完全与门楣上的八字不符，要开始闹事砸招牌。为解燃眉之急，老板立即说是上错菜了，干炸响铃还没做好。等到再上菜的时候，就是一道纯粹的“炸豆皮花”，配上酱汁、肉末等蘸食，几个混混无话可说。无馅的干炸响铃，居然慢慢成了知味观的一大特色，同时也戏剧性地符合了祖训。

“闻香下马，知味停车”是后人给知味观更高的评价。有些饭店需要立足于创新，有些老店则胜在回归传统，知味观无疑是后者。

小贴士：

“干炸响铃”的出处

旧时杭州一条街道上有一大一小两个饭店，小饭店豆皮菜品远近闻名，大饭店为了抢夺生意就把所有的豆皮都买断。此事被一位来小店吃饭的侠客知晓。侠客愤然骑马而去，两个时辰后随着马铃声响，侠客给小店老板带来了一包豆皮。老板为了感激侠客，就将豆皮做成马铃状，其中塞满肉馅用滚油炸熟，取名“干炸响铃”，寓意只要铃声一响，世间自有主持公道的侠士出现。

历史上最早的『麦田怪圈』

名称	八卦山	八卦城	八卦天坑	八卦村
地点	台湾彰化	新疆的特克斯县	贵州兴义市	兰溪城
名称来源	天地会活动，以八卦阵守山	南宋道教全真七子之一的丘处机布置的	喀斯特峰谷峰林地貌，天然八卦形态	诸葛亮后裔迁居此村，按阴阳八卦建村

『麦田怪圈』曾在全世界引起轰动，究竟是人为还是自然奇景，又或者是外星人的信号，到今天还不能下定论。然而在杭州，早有一处人为的『麦田怪圈』，这就是著名的『八卦田』。创造它的『艺术家』是当年的宋高宗赵构。

那年，赵构打不过金兵，丢了汴梁京城，带着老婆孩子和下属百官逃到了杭州，建都临安。皇宫建好之后，赵构不想着重拾山河，反而带着百官在杭州吃喝玩乐，过起了奢靡的幸福生活。老百姓看在眼里怒在心中，『昏庸无道』『亡国之君』的传言开始兴起。

更有『暖风吹得游人醉，直把杭州作汴州』的讽刺文学作品出现。赵构听到这些后就慌了，生怕百姓作乱，召集百官商议对策。

百官中还真有能人，上谏说模仿『秦始皇天外陨石』的方法给百姓洗脑，建一处『天赐农田』，由皇上亲自耕种，让百姓相信在赵构的统治下，人人有饭吃，也显示赵构是天命所归。赵构听后大喜，命人连夜选址造田，就以八卦为形，更显皇天圣旨。八卦田选址玉皇山南侧，建好之后，宫廷派人在民间散播『天赐农田』的谣言，同时让官兵把守住农田，只让百姓远观，而赵构也象征性地在田地里祭天并亲身耕种。老百姓哪见过这样的田地，一时都被蒙住了，都以为赵构是真命天子，负面传言戛然而止。

谎言终究是谎言，总有道破的那天，历史证明赵构的『天赐农田』保他一时，但保不了一世。八卦田被保留至今，作为景点的同时仿佛在告诉世人：『诚实』与『自强』才是真正的生存之道。

赵构八卦田耕种

历史上最早的“麦田怪圈”

“麦田怪圈”曾在全世界引起轰动，究竟是人为还是自然奇景，又或者是外星人的信号，到今天还不能下定论。然而在杭州，早有一处人为的“麦田怪圈”，这就是著名的“八卦田”，创造它的“艺术家”是当年的宋高宗赵构。

那年，赵构打不过金兵丢了汴梁京城，带着老婆孩子和下属百官逃到了杭州建都临安。皇宫建好之后，赵构不想着重拾山河，反而带着百官在杭州吃喝玩乐，过起了奢靡的幸福生活。老百姓看在眼里怒在心中，“昏庸无道”“亡国之君”的传言开始兴起，更有“暖风吹得游人醉，直把杭州作汴州”的讽刺文学作品出现。赵构听到这些后就慌了，生怕百姓作乱，召集百官商议对策。

百官中还真有能人，上谏说模仿“秦始皇天外陨石”的方法给百姓洗脑，建一处“天赐农田”，由皇上亲自耕种，让百姓相信在赵构的统治下一定人人有饭吃，也显示赵构是天命所归。赵构听后大喜，命人连夜选址造田，就以八卦为形，更显皇天圣旨。八卦田选址玉皇山南侧，建好之后，宫廷派人在民间散播“天赐农田”的谣言，同时让官兵把守住农田只让百姓远观，而赵构也象征性地在田地里祭天并亲身耕种。老百姓哪见过这样的田地，一时都被蒙住了，都以为赵构是真命天子，负面传言戛然而止。

谎言终究是谎言，总有道破的那一天，历史证明赵构的“天赐农田”保他一时，但保不了一世。八卦田被保留至今，作为景点的同时仿佛在告诉世人：“诚实”与“自强”才是真正的生存之道。

小贴士：

中国其他与八卦相关的景点

名称	八卦山	八卦城	八卦天坑	八卦村
地点	台湾彰化	新疆的特克斯县	贵州兴义市	兰溪城
名称来源	天地会活动，以八卦阵守山。	南宋道教全真七子之一的丘处机布置的。	喀斯特盆谷峰林地貌，天然八卦形态。	诸葛亮后裔迁居此村，按阴阳八卦建村。

大井巷：是人们又贪心吗？

杭州城隍山下有一条以『大井』而命名的古巷，巷子里的这口大井凿于五代吴越时期，曾有着『吴山第一泉』『钱塘第一井』等美誉。而如今这井里的泉水不能饮用，只能洗衣拖地，难道真应了凿井之人『千年不竭』与『贪心难饮』的预言？历史记载，巷中大井是吴越国师德韶所凿，而当地则有着他留下的预言和故事。据说当年杭州地下水苦涩难咽，德韶乔装成道士巡游杭州城内寻打井的地方，来到一条小巷时遇见了一位卖酒的老妇人，德韶口渴没有带钱，老妇人就赠了德韶一碗酒。之后德韶每天故意路过这里，老妇人每次都赠他一碗酒不收酒钱，德韶感怀老妇心善，就在她家门前凿了一口大井。

井水甘洌如酒，老妇人用篱笆将井围起占为私有，改为卖井水。数日后德韶再临小巷，问老妇这井可好，老妇说井水如酒是好，可惜没有酒糟喂猪。德韶苦笑着写下一首诗：『巷中添处井婆心比天高，水能当酒卖，还要猪酒糟。』接着拂袖大笑而去，扬言道：自己凿井是为了杭州千年都有好水喝，没想到人心有贪念，贪念自会将水变坏。老妇听后羞愧万千，再尝井水果然又苦又咸，于是撤了篱笆让整个杭州人都在这打水喝，井水又恢复甘洌，这个小巷也因井改名为『大井巷』。大井巷的井果真千年不竭，只是随着近些年人为污染，水质一再下降，当地老人都说：定是人们又起了贪念，只是这贪念不再是占有水井而是占有大自然。

卖水农妇

杭州老井顺口溜：

小井大井吴山井，乌龙泉鳗郭婆井，双眼四眼八眼井，金井义井金银井。

大井巷：是人们又贪心吗？

杭州城隍山下，有一条以“大井”命名的古巷，巷子里的这口大井凿于五代吴越时期，曾有“吴山第一泉”“钱塘第一井”等美誉。而如今这井里的泉水不能饮用，只能洗衣拖地，难道真应了凿井之人“千年不竭”与“贪心难饮”的预言？

历史记载，巷中大井是吴越国师德韶所凿，而当地则有着他留下的预言和故事。据说当年杭州地下水苦涩难咽，德韶乔装成道士巡游杭州城内找寻打井的地方，来到一条小巷时遇见了一位卖酒的老妇人，德韶口渴没有带钱，老妇人就赠了德韶一碗酒。之后德韶每天故意路过这里，老妇人每次都赠他一碗酒不收酒钱，德韶感怀老妇心善，就在她家门前凿了一口大井。

井水甘洌如酒，老妇人用篱笆将井圈起占为私有，改为卖井水。数日后德韶再临小巷，问老妇这井可好，老妇说井水如酒是好，可惜没有酒糟喂猪。德韶苦笑着写下一首诗：“巷中添处井，婆心比天高。水能当酒卖，还要猪酒糟。”接着拂袖大笑而去，扬言道：自己凿井是为了杭州千年都有好水喝，没想到人心有贪念，贪念自会将水变坏。老妇听后羞愧万千，再尝井水果然又苦又咸，于是撤了篱笆让整个杭州人都在这打水喝，井水又恢复甘洌，这个小巷也因井改名为“大井巷”。

大井巷的井果真千年不竭，只是随着近些年人为污染，水质一再下降，当地老人都说：定是人们又起了贪念，只是这贪念不再是占有水井，而是占有大自然。

小贴士：

顺口溜

小井大井吴山井，乌龙灵鳗郭婆井。
双眼四眼八眼井，金井义井金银井。

倒掉的雷峰塔，解放的白素贞

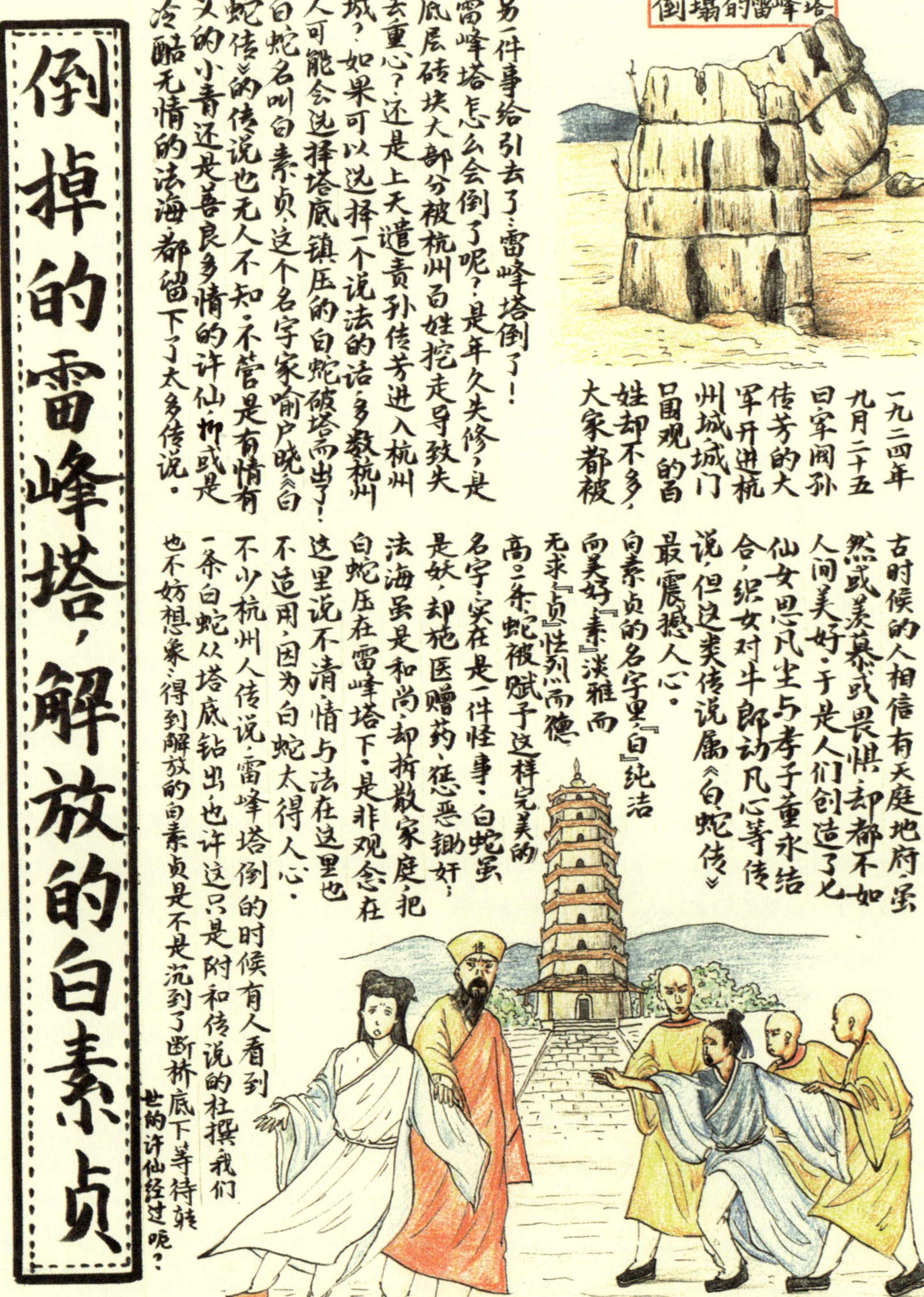

倒塌的雷峰塔

一九二四年九月二十五日，军阀孙传芳的大军开进杭州城，城门口围观的百姓却不多，大家都被另一件事给引去了：雷峰塔倒了！

雷峰塔怎么会倒了呢？是年久失修，是底层砖块大部分被杭州百姓挖走导致失去重心？还是上天遣责孙传芳进入杭州城？如果可以选择一个说法的话，多数杭州人可能会选择塔底镇压的白蛇破塔而出了！白蛇名叫白素贞，这个名字家喻户晓。《白蛇传》的传说也无人不知。不管是有情有义的小青还是善良多情的许仙，抑或是冷酷无情的法海，都留下了太多传说。

古时候的人相信有天庭地府，虽然或羡慕或畏惧，却都不如人间美好。于是人们创造了七仙女思凡尘与孝子董永结合，织女对牛郎动凡心等传说，但这类传说属《白蛇传》最震撼人心。

白素贞的名字里，『白』纯洁而美好，『素』淡雅而无求，『贞』性烈而德高。一条蛇被赋予这样完美的名字，实在是一件怪事。白蛇虽是妖，却施医赠药，惩恶锄奸；法海虽是和尚，却拆散家庭，把白蛇压在雷峰塔下。是非观念在这里说不清，情与法在这里也不适用，因为白蛇太得人心。

不少杭州人传说，雷峰塔倒的时候有人看到一条白蛇从塔底钻出，也许这只是附和传说的杜撰，我们也不妨想象，得到解放的白素贞是不是沉到了断桥底下，等待转世的许仙经过呢？

倒掉的雷峰塔，解放的白素贞

1924年9月25日，军阀孙传芳的大军开进杭州城，城门口围观的百姓却不多，大家都被另一件事给引去了：雷峰塔倒了！

雷峰塔怎么会倒了呢？是年久失修？是底层砖块大部分被杭州百姓挖走导致失去重心？还是上天谴责孙传芳进入杭州城？如果可以选择一个说法的话，多数杭州人可能会选择塔底镇压的白蛇破塔而出了！

白蛇名叫白素贞，这个名字家喻户晓，《白蛇传》的传说也无人不知。不管是有情有义的小青还是善良多情的许仙，抑或是冷酷无情的法海，都留下了太多传说。古时候的人相信有天庭地府，虽然或羡慕或畏惧，却都不如人间美好。于是人们创造了七仙女思凡尘与孝子董永结合，织女对牛郎动凡心等传说，但这类传说属《白蛇传》最震撼人心。

白素贞的名字里，“白”纯洁而美好，“素”淡雅而无求，“贞”性烈而德高。一条蛇被赋予这样完美的名字，实在是一件怪事。白蛇虽是妖，却施医赠药、惩恶锄奸；法海虽是和尚，却拆散家庭，把白蛇压在雷峰塔下。是非观念在这里说不清，情与法在这里也不适用，因为白蛇太得人心。

不少杭州人传说，雷峰塔倒的时候有人看到一条白蛇从塔底钻出，也许这只是附和传说的杜撰，我们也不妨想象：得到解放的白素贞是不是沉到了断桥底下等待转世的许仙经过呢？

小贴士：

塔下藏金之谜

雷峰塔倒掉的原因之一是据说雷峰塔有砖里“藏金”，当地人因此从塔底抽出大量砖块导致塔基松动。其实这是误传，砖里藏的不是“金”而是“经”，盖塔用的砖里都留有小孔，塞入了《楞严经》的书页。所以，雷峰塔压的不是白蛇，而是宝贝。

世界上最早的校园爱情故事

在古代西方只有基督教士为阅读《圣经》而去读书，女子是不上学的古代中国，女人也只能在家做女红，学校是男人的天下。没有女学生也产生不了校园爱情。所以如果梁祝的故事是真的，那世界上最早的校园爱情故事就非它莫属。

这个校园爱情故事用现在的话叙述大致是这样的：酷爱学习的富家千金祝英台为获取更多知识，闹尽、撒娇手段终于争取到去学校读书的机会在开学路上，女扮男装的她遇见了同班同学梁山伯，两人一见如故，在杭州草桥义结金兰。到学校后两人形影不离，祝英台对梁山伯日久生情，但梁山伯压根没想到身边这位『兄弟』是女的。

三年后，毕业季到来，两人在草桥十八相送，难舍难分，祝英台想尽办法暗示梁山伯她是女的，无奈梁同学智商高，情商低，没理解。于是祝英台谎称家里还有个她的翻版小九妹，让梁山伯去提亲。事后反应过来的梁山伯立刻登门求亲，但祝爸爸却已强行将祝英台许配给了同班的富家公子马文才。梁同学伤心过度，不久身亡。祝英台没嫁到想嫁的人，本来就不开心，听到梁山伯死去的噩耗更是情难自已，在出嫁路过梁山伯墓时，她执意下轿祭拜，此时天空雷电交加，梁山伯坟裂开，祝英台纵身跳入墓中，墓重新合拢，雨过天晴两人化蝶而去。

这个校园爱情故事的看点就在于祝英台虽然是富家女子却依然追求知识，而不是整日炫富，她对感情也十分珍视，是个『宁肯坐自行车后笑，也不愿坐在宝马里哭』的唯爱情至上的人。或许正是因为这些原因，人们将梁祝并不美好的结局处理得如此浪漫。毕竟，人们还是喜欢真性情的人。

祝英台哭坟

世界上最早的校园爱情故事

在古代西方，只有基督教士为阅读《圣经》而去读书，女子是不上学的。古代中国，女人也只能在家做女红，学校是男人的天下。没有女学生，也产生不了校园爱情。所以如果梁祝的故事是真的，那世界上最早的校园爱情故事就非它莫属。

这个校园爱情故事用现在的话叙述大致是这样的：酷爱学习的富家千金祝英台为获取更多知识，用尽撒娇手段终于争取到去学校读书的机会。在开学路上，女扮男装的她遇见了同班同学梁山伯，两人一见如故，在杭州草桥义结金兰。到学校后，两人形影不离，祝英台对梁山伯日久生情，但梁山伯压根没想到身边这位“兄弟”是女的。

三年后，毕业季到来，两人在长桥十八相送，难舍难分。祝英台想尽办法暗示梁山伯她是女的，无奈梁同学智商高、情商低，没理解。于是祝英台谎称家里还有个她的翻版小九妹，让梁山伯去提亲。事后反应过来的梁山伯立刻登门求亲，但祝爸爸却已强行将祝英台许配给了同班的富家公子马文才。梁同学伤心过度，不久身亡。祝英台没嫁到想嫁的人，本就不开心，听到梁山伯死去的噩耗，更是情难自已。在出嫁路过梁山伯墓时，她执意下轿祭拜。此时天空雷电交加，梁山伯坟墓裂开，祝英台纵身跳入墓中，墓重新合拢，雨过天晴，两人化蝶而去。

这个校园爱情故事的看点就在于，祝英台虽然是富家女子，却依然追求知识，而不是整日炫富。她对感情也十分珍视，是个“宁肯坐在自行车后笑，也不愿坐在宝马里哭”的唯爱情至上的人。或许正是因为这些原因，人们将梁祝并不美好的结局处理得如此浪漫。毕竟，人们还是喜欢真性情的人。

奔跑吧兄弟—杭州站

二〇四年浙江卫视强力推出一档由韩国引进的综艺节目《奔跑吧·兄弟》，其一经开播就在全国引起了广泛关注与好评，收视率与网络点击率居高不下。在浙江杭州本地拍摄的『新年运动会』一期节目组更是花费了不少心血。

外景场地是重中之重，杭州站跑男的外景环节是『跳高』，节目组选择了代表杭州古文化的『南宋御街』，这里是南宋都城铺设的御街要衝道，其中尽显昔日临安繁华。录制当天下着蒙蒙细雨，但观众的热情却没有丝毫减退，跑男与杭州当代气息与南宋文化，仿佛在这里真的起跑了。

在众多综艺节目里，浙江卫视播出的《奔跑吧，兄弟》好评度名列前茅，节目组力争在保留原版精华的同时，增加更多中国本土特色，这正如今天的杭州，高速发展的同时，也依然在挖掘南宋留下的吸引力。

奔跑吧兄弟剧照

奔跑吧兄弟——杭州站

2014年，浙江卫视强力推出一档由韩国引进的综艺节目《奔跑吧，兄弟》，其一经开播就在全国引起了广泛关注与好评，收视率与网络点击率居高不下。在浙江杭州本地拍摄的“新年运动会”一期，节目组更是花费了不少心血。

在众多综艺节目里，浙江卫视播出的《奔跑吧，兄弟》好评度名列前茅，节目组力争在保留原版精华的同时，增加更多中国本土特色，这正如今天的杭州，高速发展的同时，也依然在挖掘南宋留下的吸引力。

外景场地是重中之重。杭州站跑男的外景环节是“跳高”，节目组选择了代表杭州古文化的“南宋御街”，这里是南宋都城铺设的一条主要街道，其中尽显昔日临安繁华。录制当天下着蒙蒙细雨，但观众的热情却没有丝毫减退，跑男与杭州，当代气息与南宋文化，仿佛在这里真的起跑了。

中国好声音：战车上的『拳头产品』

看到一个人的脸你会先记住他的什么部位？脸型？肯定不是。八成是高耸的鼻子或者大而有神的双眼。那么一个电视台的什么特征最能让人记住呢？答案是『拳头产品』。湖南卫视有《快乐大本营》，后来又有了个《爸爸去哪儿》；江苏卫视有《非诚勿扰》；而浙江卫视肯定是《中国好声音》和《奔跑吧，兄弟》。

虽然中国各地方电视台的拳头产品大部分都是从国外引进的娱乐节目或选秀节目，但不可否认它们确实是好产品。以《中国好声音》为例，它是真正实现制播分离的第一档节目。负责节目制作的『灿星制作』将录好的节目交给浙江卫视平台播出，但这个模式双方都担负了很大的风险。在引进美国《The Voice》节目一年内，《中国好声音》都找不到买家。中国的电视台传统收益模式是审查、付费给制作公司，再播出节目获得广告收益。《中国好声音》却颠覆传统，把节目制作公司、播出平台、节目嘉宾学员都绑在一条战车上，鞭策参与的所有人必须做出最好的节目。

《中国好声音》的影响力有多大？有一个网友写了这样一段话：『从我家小区一楼走到五楼，每家传出来的好声音能接上趟。』《中国好声音》播出的四年间收视率多次独霸同时段第一，创造的广告价值早已超过十亿，市场肯定了它。

就结果来说，《中国好声音》无疑是成功的商业产品，对中国的老百姓来说，这节目不错！

中国好声音：战车上的“拳头产品”

看到一个人的脸你会先记住他的什么部位？脸型？肯定不是。八成是高耸的鼻子，或者大而有神的双眼。那么一个电视台的什么特征最能让人记住呢？答案是“拳头产品”。湖南卫视有《快乐大本营》，后来又有一个《爸爸去哪儿》；江苏卫视有《非诚勿扰》；而浙江卫视肯定是《中国好声音》和《奔跑吧，兄弟》。

虽然中国各地方电视台的拳头产品大部分都是从国外引进的娱乐节目或选秀节目，但不可否认它们确实是好产品。以《中国好声音》为例，它是真正实现制播分离的第一档节目。负责节目制作的“灿星制作”将录好的节目交给浙江卫视平台播出，但这个模式双方都担负了很大的风险。在引进美国《The Voice》节目一年内，《中国好声音》都找不到买家。中国的电视台传统收益模式是审查、付费给制作公司，再播出节目获得广告收益。《中国好声音》却颠覆传统，把节目制作公司、播出平台、节目嘉宾、学员都绑在一条“战车”上，鞭策参与的所有人必须做出最好的节目。

《中国好声音》的影响力有多大？有一个网友写了这样一段话：“从我家小区楼的一楼走到五楼，每家传出来的‘好声音’都能接上趟。”《中国好声音》播出的四年间，收视率多次独霸同时段第一，创造的广告价值早已超过10亿，市场肯定了它。

就结果来说，《中国好声音》无疑是成功的商业产品，对中国的老百姓来说，这节目不错！

同治年间，余杭人杨乃武考取了举人。当时官府人员是定要来庆贺的，因为说不定以后能成同事呢。但为官残暴的知县刘锡彤来庆贺的时候，却被为人正直的杨乃武烧草鞋送客（烧草鞋『表示家中死人』）。加上之前杨乃武还告发了刘锡彤滥收钱粮一事，两人的梁子就此结下。

当时葛家有个童养媳毕秀姑，生得美，爱穿绿衣白裤，人称『小白菜』。毕秀姑和葛家儿子葛品连成亲后，租了杨乃武的房子卖豆腐。杨乃武见毕秀姑聪明伶俐，时常教她认字，爱八卦的人就传出『羊（杨）吃白菜』的流言。不久葛品连得了重病，毕秀姑认为吃些好东西补补是不会错的，就买了洋参、桂圆等给丈夫吃。不料丈夫吃完病情恶化，不久就气绝而亡。葛品连的母亲不相信儿子说没就没，加上之前坊间的八卦新闻，遂对毕秀姑起疑，报了官。刘锡彤见报复的机会来了，便对毕秀姑施重刑逼供，得到『葛品连的死是因为杨乃武下毒』的供词。由于刘锡彤与杭州知府、巡抚属于官场上的同一派，很快杨乃武就被定为死罪。幸亏在杭京官夏同善了解情况后，想办法将这一冤案传到慈禧那儿。慈禧亲自过问，下令重审。但重审人员为保住同派系官员的面子和顶子，依然逼供，维持原审。朝廷见朝中派系如此猖狂，下令将相关人员和死者尸骨全带到北京，开棺验尸，重录口供，最终，案情大白。一百多名官员被革职查办。谁也没想到，一起杨乃武与小白菜的案子，最终引发了清廷的一次政治大地震。

杨乃武与小白菜冤案资料陈列馆参观券

小白菜受刑图

杨乃武与小白菜

同治年间，余杭人杨乃武考取了举人。当时官府人员是定要来庆贺的，因为说不定以后能成同事呢。但为官残暴的知县刘锡彤来庆贺的时候，却被为人正直的杨乃武烧草鞋送客（“烧草鞋”表示家中死人），加上之前杨乃武还告发了刘锡彤滥收钱粮一事，两人的梁子就此结下。

当时葛家有个童养媳毕秀姑，生得美，爱穿绿衣白裤，人称“小白菜”。毕秀姑和葛家儿子葛品连成亲后，租了杨乃武的房子卖豆腐。杨乃武见毕秀姑聪明伶俐，时常教她认字，爱八卦的人就传出“羊（杨）吃白菜”的流言。不久葛品连得了重病，毕秀姑认为吃些好东西补补是不会错的，就买了洋参、桂圆等给丈夫吃。不料丈夫吃完病情恶化，不久就气绝而亡。葛品连的母亲不相信儿子说没就没，加上之前坊间的八卦新闻，遂对毕秀姑起疑，报了官。刘锡彤见报复的机会来了，便对毕秀姑施重刑逼供，得到“葛品连的死是因为杨乃武下毒”的供词。由于刘锡彤与杭州知府、巡抚属于官场上的同一派，很快杨乃武就被定为死罪。幸亏在杭京官夏同善了解情况后，想办法将这一冤案传到慈禧那儿，慈禧亲自过问，下令重审。但重审人员为保住同派系官员的面子和顶子，依然逼供，维持原审。朝廷见朝中派系如此猖狂，下令将相关人员和死者尸骨全带到北京，开棺验尸、重录口供，最终案情大白，100多名官员被革职查办。谁也没想到，一起杨乃武与小白菜的案子，最终引发了清廷的一次政治大地震。

富春山居图真假之谜

富春山居图（剩山图）

《富春山居图》是元代浙江画师黄公望的画作，几百年来，这幅画随着乱世颠沛流离，几经易手，闯过了仿造、陪葬、辨真等一系列"难关"，一分为二的真迹终于落户于台北故宫博物院和浙江博物馆，结束了贯穿几个朝代的『真假之争』。

最初，黄公望将《富春山居图》送给无用上人。后来此画落到明朝收藏家沈周手上，沈周破产后，画被别人夺走，几经转手，不知落在何处。沈周伤心之余，凭印象临摹出一张几可乱真的画作，这张画成为后来与真迹争夺正统的伪作之一。

到了清朝初期，《富春山居图》落到商人吴洪裕手中，吴洪裕爱之若狂，临死前双眼瞪着这幅图，吐出一个字『烧』，便咽了气。家里人按照他的遗愿把画投到火里，冷不防旁边吴洪裕的侄子眼疾手快抢出了画，可惜画却已经被烧成两截。吴家后人把两部分画都做了拼接、装裱处理，也就是后来的《无用师卷》和《剩山图》。

到了乾隆时期，《富春山居图·无用师卷》传到了宫里，同时一幅伪作也到了乾隆手里。到底哪个是真的呢？乾隆为保面子，只好一口咬定先拿到的那幅是真迹，还召了很多大臣来题字。另一幅则静静地躺在宝库里两百年。

新中国成立后，专家给出了答案：那幅备受冷落的才是真迹，乾隆的御笔题错了地方。《富春山居图》的命运折射了朝代更替的宿命：只有应时而变，才能在乱世中挣扎求生。

年份	临摹品	拍卖价格
2001年	清代王时敏《富春江山居图》	590万
2005年	临《大痴道人富春山图》	1078万
2007年	《富春山居图》刺绣	100万
2011年	明代邹之麟《临黄子久富春山居图》	650万
2011年	吴湖帆临绘《富春山居图》	9870万
2012年	成品十字绣《富春山居图》	8.1万

《富春山居图》真假之谜

《富春山居图》是元代浙江画师黄公望的画作。几百年来，这幅画随着乱世颠沛流离，几经易手，闯过了仿造、陪葬、辨真等一系列难关，一分为二的真迹终于落户于台北故宫博物院和浙江博物馆，结束了贯穿几个朝代的“真假之争”。

最初，黄公望将《富春山居图》送给无用上人。后来此画落到明朝收藏家沈周手上，沈周破产后，画被别人夺走，几经转手，不知落在何处。沈周伤心之余，凭印象临摹出一张几可乱真的画作，这张画成为后来与真迹争夺正统的伪作之一。

到了清朝初期，《富春山居图》落到商人吴洪裕手中，吴洪裕爱之若狂，临死前双眼瞪着这幅图，吐出一个字“烧”便咽了气。家里人按照他的遗愿把画投到火里，冷不防旁边吴洪裕的侄子眼疾手快抢出了画，可惜画却已经被烧成两截。吴家后人把两部分画都做了拼接、装裱处理，也就是后来的《无用师卷》和《剩山图》。

到了乾隆时期，《富春山居图·无用师卷》传到了宫里，同时一幅伪作也到了乾隆手里。到底哪个是真呢？乾隆为保面子，只好一口咬定先拿到的那幅是真迹，还召了很多大臣来题字。另一幅则静静地躺在宝库里两百年。新中国成立后，专家给出了答案，那幅备受冷落的才是真迹，乾隆的御笔题错了地方。

《富春山居图》的命运折射了朝代更替的宿命，只有应时而变，才能在乱世中挣扎求生。

小贴士：

拍卖出天价的《富春山居图》临摹品

年份	临摹品	拍卖价格
2001年	清代王时敏《富春江山居图》	590万
2005年	临《大痴道人富春山图》	1078万
2007年	《富春山居图》刺绣	100万
2011年	明代邹之麟《临黄子久富川山居图》	650万
2011年	吴湖帆临绘《富春山居图》	9890万
2012年	成品十字绣《富春山居图》	8.1万

凤凰山在西湖南边，景致极美，是个游玩的好去处。如若游玩之时，再听听当地那关于凤凰山的传说，则行程更添趣味。

传说以前在凤凰山下，住着兄妹俩。这俩人父母早亡，以租种地主的地谋生。可是地租太高，交完租子剩不下多少粮，所以兄妹俩的日子过得十分拮据。

有一年年三十，外面风雪交加。妹妹把家里仅剩的一小盅米煮了给哥哥吃，哥哥非要妹妹吃，两人相互推让，谁也不肯吃。这时候，外面来了个乞讨的老婆婆，兄妹俩见她可怜，就让她进屋，将那碗粥给了老婆婆，并留宿一晚。

西湖号称『三面云山一面城』

第二天，风雪停了，老婆婆起身告别。临走前她拿出一块白缎给妹妹，说："把这块白缎绣好，你们会幸福的。"妹妹见白缎上描着一只凤凰，送走老婆婆后，就绣了起来。绣成的凤凰图异常美丽，兄妹二人就把它挂在屋子里。夜里，那凤凰竟然从图上飞了下来，盘旋几圈后，又回到白缎上。第二天早晨，妹妹捡到一只金蛋。兄妹俩把它卖了，买了几亩田和一头牛，再也不用租种地主的地了。

县官知道这事后，想用那凤凰图敛财，就把哥哥传来，要买那凤凰图。哥哥不卖，县官就把他关起来，然后抢来了凤凰图。到了晚上，那凤凰果然从图上飞下来了，但是没下蛋，而是朝县官一阵乱啄后冲出窗外，飞进山里去了。

凤凰山在杭州市东南面，主峰海拔一百七十八米。

因这山中有正义善良的凤凰，人们遂称其为"凤凰山"。

凤凰也有雌雄

凤凰，亦作"凤皇"，是古代传说中的百鸟之王。雄的叫"凤"，雌的叫"凰"，总称为"凤凰"。

凤凰山上说凤凰

凤凰山在西湖南边，景致极美，是个游玩的好去处。如若游玩之时，再听听当地那关于凤凰山的传说，则行程更添趣味。

传说以前在凤凰山下，住着兄妹俩。这俩人父母早亡，以租种地主的地谋生。可是地租太高，交完租子，剩不下多少粮，所以兄妹俩的日子过得十分拮据。

有一年年三十，外面风雪交加。妹妹把家里仅剩的一小盅米煮了给哥哥吃，哥哥非要妹妹吃，两人相互推让，谁也不肯吃。这时候，外面来了个乞讨的老婆婆，兄妹俩见她可怜，就让她进屋，将那碗粥给了老婆婆，并留宿一晚。

第二天，风雪停了，老婆婆起身告别。临走前，她拿出一块白绫给妹妹，说："把这块白绫绣好，你们会幸福的。"妹妹见白绫上描着一只凤凰，送走老婆婆后，就绣了起来。绣成的凤凰图异常美丽，兄妹二人就把它挂在屋子里。夜里，那凤凰竟然从图上飞了下来，盘旋几圈后，又回到白绫上。第二天早晨，妹妹捡到一只金蛋。兄妹俩把它卖了，买了几亩田和一头牛，再也不用租种地主的地了。

县官知道这事后，想用那凤凰图敛财，就把哥哥传来，要买那凤凰图。哥哥不卖，县官就把他关起来，然后抢来了凤凰图。到了晚上，那凤凰果然从图上下来了，但是没下蛋，而是朝县官一阵乱啄后冲出窗外，飞进山里去了。

因这山中有正义善良的凤凰，人们遂称其为"凤凰山"。

小贴士：

凤凰也有雌雄

凤凰，亦作"凤皇"，是古代传说中的百鸟之王。雄的叫"凤"，雌的叫"凰"，总称为"凤凰"。

中秋节：斗来的月饼最好吃

中秋佳节，人们在赏月时喜欢吃月饼，还喜欢讨论哪种月饼好吃。而老杭州人评价月饼可口的标准并不是味道，而是『斗』的过程。这就要从老杭州『斗月饼』的风俗说起了。杭州人斗蛐蛐可追溯到南宋，古有民谚『秋风起，草虫鸣』，从宫廷到民间，每年秋季蛐蛐大战就会硝烟四起。据说宋孝宗时期，杭州民间有个姓曲的养虫人，人称『曲大虫』，『曲』字加『虫』就是『蛐』，可能是应了这个外号，还真让他养出一只过冬的好蛐蛐。这只蛐蛐百战百胜，一时间在『斗虫界』风头无两。树大招风，曲大虫这只蛐蛐赢了太多人，也不知道折了哪个达官显贵的面子，得罪了谁，曲大虫家居然被人放火。养虫人最怕火，虽然自己逃出火场，但养的虫都烧死了，只有自己养在怀里的这只常胜蛐蛐被带出火场。大火烧家这天正是农历八月十四。

次日中秋，家家团圆赏月吃月饼，曲大虫却什么都没有，看着怀里唯一的常胜蛐蛐，曲大虫提着它就去了邻居家『挑战』。原本邻居同情他被人烧家，想送他月饼，但曲大虫一再要求：斗一场，谁败了就输一块月饼。邻居本也好斗蛐蛐，于是就应了，结果败了，输了一块月饼。据说曲大虫当晚就这样凭借一只蛐蛐斗了大半个杭州城，最后蛐蛐死了，却赢回数不清的月饼。从那时起，中秋佳节斗蛐蛐赢月饼就成了杭州风俗。如今每年中秋，杭州的吴山会场都有『斗月饼』大赛，奖品也是月饼，并且这一风俗正在被杭州市申请『非遗』。

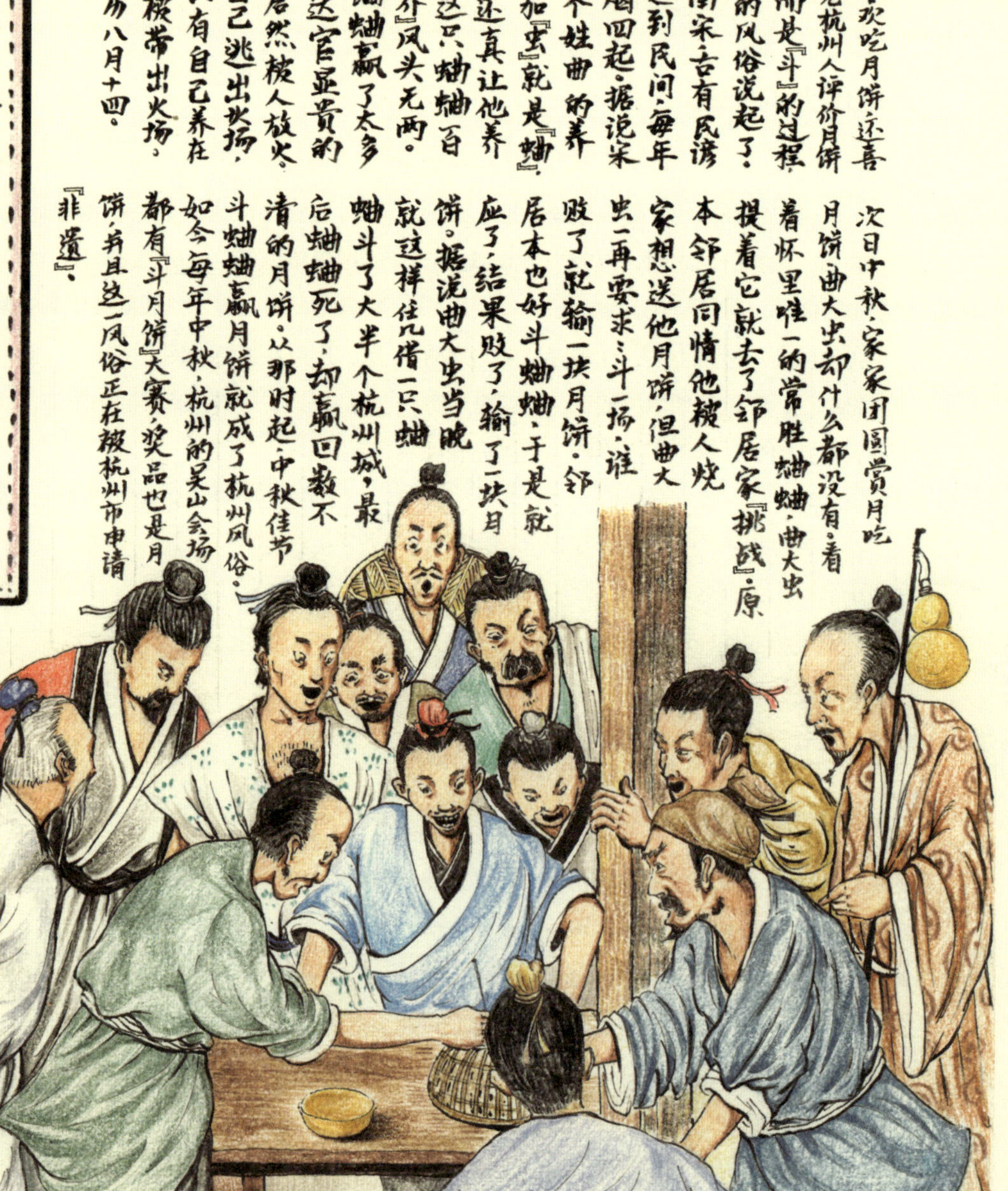

斗蛐蛐

中秋节：斗来的月饼最好吃

中秋佳节，人们在赏月时喜欢吃月饼，还喜欢讨论哪种月饼好吃，而老杭州人评价月饼可口的标准并不是味道，而是“斗”的过程，这就要从老杭州“斗月饼”的风俗说起了。

杭州人斗蛐蛐可追溯到南宋，古有民谚“秋风起，草虫鸣”，从宫廷到民间，每年秋季蛐蛐大战就会硝烟四起。据说宋孝宗时期，杭州民间有一个姓曲的养虫人，人称“曲大虫”，“曲”字加“虫”就是“蛐”，可能是应了这个外号，还真让他养出一只过冬的好蛐蛐。这只蛐蛐百战百胜，一时间在“斗虫界”风头无两。

树大招风，曲大虫这只蛐蛐赢了太多人，也不知道折了哪个达官显贵的面子得罪了谁，曲大虫家居然被人放火。养虫人最怕火，虽然自己逃出火场，但养的虫都烧死了，只有自己养在怀里的这只常胜蛐蛐被带出火场。大火烧家这天正是农历八月十四。

次日中秋，家家团圆赏月吃月饼，曲大虫却什么都没有。看着怀里唯一的常胜蛐蛐，曲大虫提着它就去了邻居家“挑战”。原本邻居同情他被人烧家想送他月饼，但曲大虫一再要求：斗一场，谁败了就输一块月饼。邻居本也好斗蛐蛐，于是就应了，结果败了，输了一块月饼。据说曲大虫当晚就这样凭借一只蛐蛐斗了大半个杭州城，最后蛐蛐死了，却赢回数不清的月饼。从那时起，中秋佳节“斗蛐蛐赢月饼”就成了杭州风俗。

如今每年中秋，杭州的吴山会场都有“斗月饼”大赛，奖品也是月饼，并且这一风俗正在被杭州市申请“非遗”。

小贴士：

杭州斗月饼工具大全

杭州人“斗月饼”可不是儿戏，从工具上就能看出来。用到的工具有戥戥（称金、银、药材等贵重物品的微型秤）、蟋蟀斗床、斗栅、蟋蟀草、绒球、网罩、过筒、食板、水盂等，甚至还有计时用的秒表。每种工具用途各异，工具越全，代表斗的等级越高。

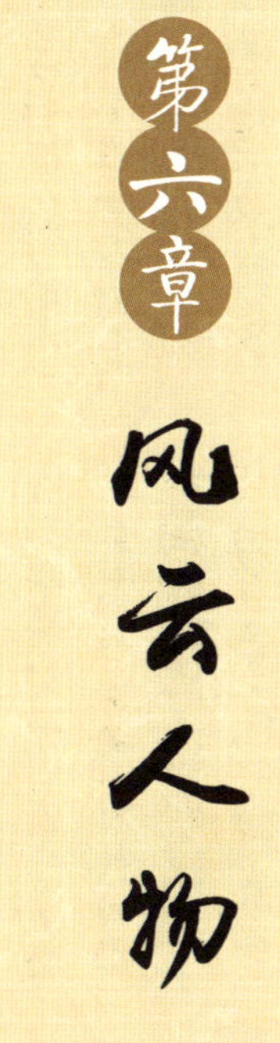

第六章 风云人物

『任性』的和靖先生痴情了一辈子

杭州有西湖，西湖有孤山，孤山上曾有个隐士叫林和靖。历史给林和靖的评价很多，但最深入人心的还是『梅妻鹤子』四个字。据说林和靖的妻子姓『梅』。

那一年林和靖二十岁，在杭州梅园相识了十八岁的梅家女子，两人一见钟情。可惜林和靖只是个有才华的书生，自己还寄居在兄嫂家里，而梅(女子姓氏)则是大户人家的独生女，门不当户不对，两人只能常在梅园偷偷相会。

屋漏偏逢连阴雨，嫂子早就看不惯在家白吃白住的林和靖，兄长虽然疼爱弟弟，却是个软耳根的好丈夫。哥哥将自己的私房钱给了他，说了一句『考取功名，嫂必另眼相看』，迫于压力，将弟弟赶出了家门。

与梅分别后一去十年，再回杭州的林和靖虽然还是白衣，却已颇有才名。可没想到梅因为被父母逼婚，三尺白绫把自己对林和靖的忠贞留在了梅园。万念俱灰的林和靖立誓终身不娶，选择孤山隐居。

据说他把梅园的梅花移植孤山共种植三百六十五棵，以卖花为生来寄托自己对梅的相思。因此说他『以梅为妻』，这个『梅』表面是梅花，更是他心中真正的妻子，这种痴情令人敬佩。

在他名讳前加一个『任性』，是对其才华与痴情的肯定。林和靖确实将隐士做绝了，他是历史上极少由帝王册封的隐士，最初宋真宗为其赐号『和靖处士』，死后宋仁宗赐号『和靖先生』，他一生虽名声在外，却屡次拒绝皇帝征召，这样抗旨不遵却没有惹怒皇帝，反而赢得美称，当真非常任性。

和靖先生

《长相思》　林和靖为妻子写的诗：

吴山青，越山青，两岸青山相对迎，谁知离别情？君泪盈，妾泪盈，罗带同心结未成，江头潮已平。

“任性”的和靖先生痴情了一辈子

杭州有西湖，西湖有孤山，孤山上曾有个隐士叫林和靖。历史给林和靖的评价很多，但最深入人心的还是“梅妻鹤子”四个字。据说，林和靖的妻子姓“梅”。

那一年林和靖二十岁，在杭州梅园相识了十八岁的梅家女子，两人一见钟情。可惜林和靖只是个有才华的书生，自己还寄居在兄嫂家里，而梅（女子姓氏）则是大户人家的独生女，门不当户不对，两人只能常在梅园偷偷相会。

屋漏偏逢连阴雨。嫂子早就看不惯在家白吃白住的林和靖，兄长虽然疼爱弟弟，却是个软耳根的好丈夫。哥哥将自己的私房钱给了他，说了一句“考取功名，嫂必另眼相看”，迫于压力，将弟弟赶出了家门。

与梅分别后一去十年，再回杭州的林和靖虽然还是白衣，却已颇有才名。可没想到，梅因为被父母逼婚，三尺白绫把自己对林和靖的忠贞留在了梅园。万念俱灰的林和靖立誓终身不娶，选择孤山隐居。据说他把梅园的梅花移植孤山，共种植了365棵，以卖花为生来寄托自己对梅的相思。因此，说他“以梅为妻”，这个“梅”表面是梅花，更是他心中真正的妻子，这种痴情令人敬佩。

在他名讳前加一个“任性”，是对其才华与痴情的肯定。林和靖确实将隐士做绝了，他是历史上极少由帝王册封的隐士，最初宋真宗为其赐号“和靖处士”，死后宋仁宗赐号“和靖先生”。他一生虽名声在外，却屡次拒绝皇帝征召，这样抗旨不遵却没有惹怒皇帝，反而赢得美称，当真非常任性。

小贴士：

林和靖为“妻子”写的《长相思》

吴山青，越山青，两岸青山相对迎，谁知离别情?

君泪盈，妾泪盈，罗带同心结未成，江头潮已平。

『石油』命名者沈括的可贵之处

有人说中国古代只是文科生喜欢研究诗词歌赋。但翻开历史你会发现我们并不缺优秀的理工男，比如北宋杭州名人沈括。沈括一生主要从政，数理化只是他的休闲爱好。但就是这样研究着玩，沈括的科研成果也非常丰富。他发现的地磁偏角，比欧洲早了四百多年。提倡的新历法，与今天的公历接近；发明的『会圆术』为『球面三角学』的发展打下基础。但最让人感兴趣的，还是他对『石油』的记录。

当时沈括正任陕西延安府太守，在西北前线与强敌西夏对抗。在这样紧张的气氛中沈括翻开了东汉班固的《汉书》打算缓解下紧绷的神经。当读到『高奴有洧水可燃』这句话时，他敏锐地嗅到了科学气息。但因作者只是寥寥数语，并没有看明白具体是怎么回事。于是五十岁的沈括亲自跑去实地考察。看老乡用野鸡毛将那种褐色液体收集到瓦罐中用来烧火做饭，点灯取暖。沈括在仔细研究了这种褐色液体后，将它命名为『石油』。『石油』一词从此见于记载，并以他丰富的经验判断：『此物后必大行于世』。为了方便大规模推广后来人使用石油，沈括将石油的形态、开采过程、用途等信息详细写入《梦溪笔谈》。还奇思妙想，将石油燃烧后产生的油烟制成墨，解决了石油燃烧带来的副作用。

或许有人说，沈括只是石油的记录者，算不得厉害。但可贵之处就在于，沈括对于这些于功名无意义的东西依旧认真研究，并准确地判断出它的价值，将它的相关信息记录下来，方便推广。他不仅发现问题，还喜欢解决问题，这种精神、思维，是值得我们学习的。

沈括命名石油

“石油”命名者沈括的可贵之处

有人说，中国古代尽是文科生，喜欢研究诗词歌赋。但翻开历史，你会发现我们并不缺优秀的理工男，比如北宋杭州名人沈括。沈括一生主要从政，数理化只是他的休闲爱好。但就是这样研究着玩，沈括的科研成果也非常丰富。他发现的地磁偏角，比欧洲早了四百多年；提倡的新历法，与今天的公历接近；发明的“会圆术”，为“球面三角学”的发展打下基础。但最让人感兴趣的，还是他对“石油”的记录。

当时沈括正任陕西延安府太守，在西北前线与强敌西夏对抗。在这样紧张的气氛中，沈括翻开了东汉班固的《汉书》，打算缓解下紧绷的神经。当读到“高奴有洧水可燃”这句话时，他敏锐地嗅到了科学气息，但因作者只是寥寥数语，并没有看明白具体是怎么回事。于是50岁的沈括亲自跑去实地考察，看老乡用野鸡毛将那种褐色液体收集到瓦罐中，用来烧火做饭，点灯取暖。沈括在仔细研究了这种褐色液体后，将它命名为“石油”（“石油”一词从此见于记载），并以他丰富的经验判断，“此物后必大行于世”。为了方便大规模推广后来人使用石油，沈括将石油的形态、开采过程、用途等信息详细写入《梦溪笔谈》，还奇思妙想，将石油燃烧后产生的油烟制成墨，解决了石油燃烧带来的副作用。

或许有人说，沈括只是石油的记录者，算不得厉害。但可贵之处就在于，沈括对于这些于功名无意义的东西依旧认真研究，并准确地判断出它的价值，将它的相关信息记录下来，方便推广。他不仅发现问题，还喜欢解决问题。这种精神、思维，是值得我们学习的。

一桩南宋刺杀案

中国自古就有为功德卓越的先贤建立祠堂的风俗，如关羽的武侯祠、岳飞的岳王祠等，很多先贤在全国各地会有多个祠堂。而在杭州，据说曾有过七十二个施公祠，这个『施公』是何人？杭州人又为什么给他建了这么多祠堂？这要从南宋时震惊全国的一起刺杀案说起了。

施公原名『施全』，临安人士，在岳飞帐下担任小校。南宋绍兴二十年，日子还没出正月，施全只身怀刀在望仙桥下埋伏了一夜，这里是秦桧从相府出门去皇宫的必经之地。远处传来了嘈杂的脚步声，施全知道是秦桧一行的车马。秦桧卫兵多达百人，施全毫不畏惧，他明白这次不是为自己刺杀秦桧，甚至也不全是为了岳飞，而是为了天下百姓。当秦桧轿厢走到桥中时，施全攀上桥面奋力跃起出刀刺入轿门。只可惜，在他出现时就有人喊叫提醒秦桧，这一刀只划伤了秦桧的胳膊而没有将其刺死，当他再想出刀时已被蜂拥而至的卫兵擒住。秦桧捂着刀伤愤怒的同时不禁对眼前的勇士心生敬佩，于是问施全为何刺杀自己，施全回答说：『天下人都要杀金人，就你一个人不肯，所以我想杀了你。』之后施全死在乱刀之下。这桩刺杀案轰动一时，据说秦桧为了找寻余党差点把杭州城翻过来，百姓则为了纪念这位义士，在秦桧倒台之后建立了七十二个『施公祠』。时至如今，保留完好的施公祠只有十五奎巷一处了，但忠义的故事被传唱千古。好人与坏人，后世自会给予中肯的评定。

另一座桥上的另一桩案——韩侂胄事件：靖康之耻七十年后，韩侂胄见金败，想恢复中原，不想被金全面反攻，议和条件除了割地赔款，金还要韩侂胄的人头。开禧三年，杨皇后命人率领三百精兵，埋伏在六部桥上将韩侂胄打死。

施全刺杀秦桧图

一桩南宋刺杀案

中国自古就有为功德卓越的先贤建立祠堂的风俗，如关羽的武侯祠、岳飞的岳王祠等，很多先贤在全国各地会有多个祠堂。而在杭州，据说曾有过72个施公祠，这个“施公”是何人？杭州人又为什么给他建了这么多祠堂？这要从南宋时震惊全国的一起刺杀案说起了。

施公原名“施全”，临安人士，在岳飞帐下担任小校。南宋绍兴二十年，日子还没出正月，施全只身怀刀在望仙桥下埋伏了一夜，这里是秦桧从相府出门去皇宫的必经之地。

远处传来了嘈杂的脚步声，施全知道是秦桧一行的车马。秦桧卫兵多达百人，施全毫不畏惧，他明白这次不是为自己刺杀秦桧，甚至也不全是为了岳飞，而是为了天下百姓。当秦桧轿厢走到桥中时，施全攀上桥面，奋力跃起出刀刺入轿门。只可惜，在他出现时就有人喊叫提醒秦桧，这一刀只划伤了秦桧的胳膊而没有将其刺死，当他再想出刀时已被蜂拥而至的卫兵擒住。

秦桧捂着刀伤，愤怒的同时不禁对眼前的勇士心生敬佩，于是问施全为何刺杀自己。施全回答说：“天下人都要杀金人，就你一个人不肯，所以我想杀了你。”之后施全死在乱刀之下。这桩刺杀案轰动一时，据说秦桧为了找寻余党差点把杭州城翻过来，百姓则为了纪念这位义士，在秦桧倒台之后建立了72个“施公祠”。

时至如今，保留完好的施公祠只有十五奎巷一处了，但忠义的故事被传唱千古。好人与坏人，后世自会给予中肯的评定。

小贴士：

另一座桥上的另一桩案——韩侂胄事件

靖康之耻七十年后，韩侂胄见金国衰败，力主恢复中原，但没想到又被金兵全面反攻。在一次议和的条件中，除了割地赔款，金国提出要韩侂胄的人头。开禧三年，杨皇后命人率领三百精兵，埋伏在六部桥上将韩侂胄乱棍打死，并将其人头送给金国谢罪。

陈端生：《再生缘》写不尽的才女愁

陈端生

许多才子佳人都喜欢在杭州留下足迹或墨宝，以证明自己来过，而最显眼的一份墨宝肯定是河坊街吴山樵舍外墙上的《再生缘》三个大字。这三个字不是人名或诗名，而是一部作品名，写这部《再生缘》的是清朝才女陈端生。

陈端生家学渊源，她的祖父陈兆仑是个敢于跟孔子唱反调的文学家。孔子认为『女子无才便是德』，陈兆仑却偏偏写了篇《才女论》提倡女子向学，并且把自家的三个孙女都教成了才女。陈端生在十八岁的时候开始动笔写《再生缘》，那时《红楼梦》刚刚流行起来，突然后世有人将这两本书并称为『南缘北梦』，但《红楼梦》是小说，而《再生缘》只是弹词，弹词在那个礼教森严的时代属于『村姑野媪所惑溺』的下三滥。陈端生的作品最初只能给母亲和妹妹看，母亲去世后《再生缘》的写作甚至一度停顿。后来，陈端生嫁给了范氏子弟，可惜她的丈夫因为科场舞弊案被发配边疆。陈端生瞬间从天堂掉到地狱，本是官宦人家长大，又嫁给高门大户为妇，怎么可能忍受『罪奴之妇』的污名呢？陈端生更加郁郁寡欢，落寞而死。

陈端生只写了十七卷《再生缘》，另一位杭州才女梁德绳续写了三卷，同是未完结作品，陈端生与曹雪芹倒是有相同的遗憾。不过陈端生虽是才女，却没有绽放光华的机会便默默死去，也是时代的悲哀。

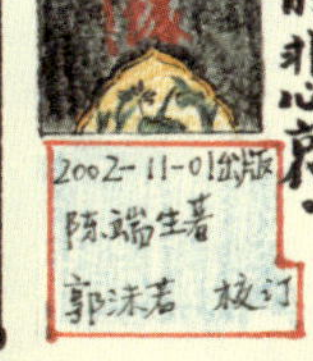

2002-11-01出版
陈端生著
郭沫若 校订

《再生缘》中的孟丽君

陈端生：《再生缘》写不尽的才女愁

许多才子佳人都喜欢在杭州留下足迹或墨宝，以证明自己来过，而最显眼的一份墨宝肯定是河坊街勾山樵舍外墙上的“再生缘”三个大字。这三个字不是人名或诗名，而是一部作品名，写这部《再生缘》的是清朝才女陈端生。

陈端生家学渊源，她的祖父陈兆仑是个敢于跟孔子唱反调的文学家。孔子认为“女子无才便是德”，陈兆仑却偏偏写了篇《才女论》提倡女子向学，并且把自家的三个孙女都教成了才女。陈端生在十八岁的时候开始动笔写《再生缘》，那时《红楼梦》刚刚流行起来，虽然后世有人将这两本书并称为“南缘北梦”，但《红楼梦》是小说，而《再生缘》只是弹词。弹词在那个礼教森严的时代属于“村姑野媪所惑溺”的下三滥，陈端生的作品最初只能给母亲和妹妹看。母亲去世后，《再生缘》的写作甚至一度停顿。后来，陈端生嫁给了范氏子弟，可惜她的丈夫因为科场弊案被发配边疆，陈端生瞬间从天堂掉到地狱。本是官宦人家长大，又嫁给高门大户为妇，怎么可能忍受“罪奴之妇”的污名呢？陈端生更加郁郁寡欢，落寞而死。

陈端生只写了十七卷《再生缘》，另一位杭州才女梁德绳续写了三卷。同是未完结作品，陈端生与曹雪芹倒是有相同的遗憾。不过陈端生虽是才女，却没有绽放光华的机会便默默死去，也是时代的悲哀。

『江南药王』胡庆余堂

杭州胡庆余堂

中国有一句形容中药名店的俗语叫『天下药店两家半』其中的两家是北京的同仁堂和杭州的胡庆余堂，半家是广东陈李济。胡庆余堂之所以姓『胡』，是因为它的创始人——红顶商人胡雪岩。

胡雪岩以钱庄生意开始起家，凭借经营丝绸、茶叶生意很快积累起财富，成为大清第一富豪。这时他却突然开始筹备起了一家药铺，到底是何原因呢？据说某日胡雪岩的小妾生病，胡雪岩请了大夫开好药方，再派小厮去望仙桥吉祥巷口的种德堂取药。可是小厮取回来的药里有几味已经发霉，胡雪岩差小厮换药，却被种德堂的伙计嘲讽：『本店的药就这样，要不请胡先生自己开一家？』胡雪岩勃然大怒：开就开，他马上选址聘药师，筹备开店。于是后来被称为『江南药王』的胡庆余堂就这样诞生了。

当然，关于胡庆余堂的诞生也许只是后人杜撰，但胡庆余堂能够百余年屹立不倒，靠的却是胡雪岩留下的『戒欺』二字。相传胡庆余堂研制『局方紫金丹』的时候，为了不使药方中的『砂』与铁锅发生化学反应，请来杭州名匠打造了一套花费黄金四两、白银四斤的金锅银铲。由此可知，黄金价贵却不如『仁心』价高。

胡庆余堂讲求的是『医乃仁术』、真不二价，放在今天的医药行业仍然是警世良言。

为何叫庆余堂？

《周易》有云："积善人家，必有余庆；积不善之家，必有余殃。"其中"余庆"二字是庆余堂来源之始，但秦桧曾有一间"余庆堂"，所以胡雪岩将药铺起名"庆余堂"。

“江南药王”胡庆余堂

中国有一句形容中药名店的俗语，叫“天下药店两家半”，其中的两家是北京的同仁堂和杭州的胡庆余堂，半家是广东陈李济。胡庆余堂之所以姓“胡”，是因为它的创始人——红顶商人胡雪岩。

胡雪岩由钱庄生意开始起家，凭借经营丝绸、茶叶生意很快积累起财富，成为大清第一富豪。这时他却突然开始筹备起了一家药铺，到底是何原因呢？据说某日胡雪岩的小妾生病，胡雪岩请了大夫开好药方，再派小厮去望仙桥吉祥巷口的种德堂取药。可是小厮取回来的药里有几味已经发霉，胡雪岩差小厮换药，却被种德堂的伙计嘲讽：“本店的药就这样，要不请胡先生自己开一家？”胡雪岩勃然大怒，开就开，他马上选址聘药师，筹备开店。于是，后来被称为“江南药王”的胡庆余堂就这样诞生了。

当然，关于胡庆余堂的诞生也许只是后人杜撰，但胡庆余堂能够百余年屹立不倒，靠的却是胡雪岩留下的“戒欺”二字。相传，胡庆余堂研制“局方紫金丹”的时候，为了不使药方中的“砂”与铁锅发生化学反应，请来杭州名匠打造了一套花费黄金四两、白银四斤的金锅银铲。由此可知，黄金价贵却不如“仁心”价高。

胡庆余堂讲求的是“医乃仁术”“真不二价”，放在今天的医药行业仍然是警世良言。

小贴士：

为什么叫庆余堂？

《周易》中有云：“积善人家，必有余庆；积不善之家，必有余殃。”其中“余庆”二字是庆余堂来源之始，但秦桧曾有一间“余庆堂”，所以胡雪岩将药铺起名为“庆余堂”。

章太炎：『民国』狂士『章疯子』

章太炎其人，如果送他一字评语，那便是『狂』。先生生于乱世，却绝不肯随波逐流，偏偏特立独行，凡事要贯彻自己的主张，撞得头破血流也不肯认输。

章太炎是监狱的常客，在清朝末年就因为《苏报》案和《民报》案进过两次监狱，后来『中华民国』成立没多久，就出了袁世凯窃国事件，章太炎听到消息后气得破口大骂：『袁世凯，老混蛋。』骂完不解气，干脆直接冲到了袁世凯的府邸。袁世凯得了门房的通报，派手下堵住门口，不让章太炎进门。章太炎在门房发作一通，将摆设、桌椅砸得稀巴烂，就被军法处长陆建章带走了。

章太炎抱着必死之心来找袁世凯，临行前还写了首绝命诗，谁料袁世凯却不敢杀他，对外宣称章太炎得了『神经病』，将他软禁在北京龙泉寺，『章疯子』之名也许由此而来。袁世凯给章太炎的生活费是每月五百大洋，还命令看守人员：『毁物骂人，听其自便，毁则再购，骂则听之。』直到三年后袁世凯病死，章太炎才获得自由。

章太炎的观念里只有『看得惯』和『看不惯』之分，『看不惯』的就要骂，而且是极尽贬低。他骂过慈禧，骂过袁世凯，还骂过蒋介石。当时的报纸每每以『章疯子大发其疯』为题，将章太炎对时事、名人的点评大加渲染。也许章太炎的『狂』与『疯』才是那个昏暗时代唯一清醒的表现、

"坑爹"的爹

章太炎的女儿名字非常奇怪，长女，章㸚（音"lǐ"），二女，章叕（音"zhuó"），三女，章㠭（音"zhǎn"），四女，章㗊（音"jí"）

章太炎绝命诗

时危挺剑入长安，
流血先争五步看。
谁到江南徐骑省，
不容卧榻有人鼾

章太炎："民国"狂士"章疯子"

章太炎其人，如果送他一字评语，那便是"狂"。先生生于乱世，却绝不肯随波逐流，偏偏特立独行，凡事要贯彻自己的主张，撞得头破血流也不肯认输。

章太炎是监狱的常客，在清朝末年就因为《苏报》案和《民报》案进过两次监狱。后来"中华民国"成立没多久就出了袁世凯窃国事件，章太炎听到消息后气得破口大骂："袁世凯，老混蛋。"骂完不解气，干脆直接冲到了袁世凯的府邸。袁世凯得了门房的通报，派手下堵住门口，不让章太炎进门。章太炎在门房发作一通，将摆设、桌椅砸得稀巴烂，就被军法处长陆建章带走了。

章太炎抱着必死之心来找袁世凯，临行前还写了首绝命诗，谁料袁世凯却不敢杀他，对外宣称章太炎得了"神经病"，将他软禁在北京龙泉寺，"章疯子"之名也许由此而来。袁世凯给章太炎的生活费是每月500大洋，还命令看守人员："毁物骂人，听其自便，毁则再购，骂则听之。"直到三年后袁世凯病死，章太炎才获得自由。

章太炎的观念里只有"看得惯"和"看不惯"之分，"看不惯"的就要骂，而且是极尽贬低，他骂过慈禧、骂过袁世凯，还骂过蒋介石。当时的报纸每每以"章疯子大发其疯"为题，将章太炎对时事、名人的点评大加渲染。也许章太炎的"狂"与"疯"才是那个昏暗时代唯一清醒的表现。

小贴士：

有趣的章太炎

1.章太炎绝命诗："时危挺剑入长安，流血先争五步看。谁到江南徐骑省，不容卧榻有人鼾。"

2.章太炎的女儿名字非常怪，长女，章㸚（音为"lǐ"），二女，章叕（音为"zhuó"），三女，章㠭（音为"zhǎn"），四女，章㗊（音为"jí"）。

盖叫天

一九八六年，浙江省政府重建了著名京剧表演艺术家盖叫天生前在西湖边自建的寿坟，并将他的骨灰移葬此处，一代京剧大师终于得以安眠。

在杭州，你跟老戏迷提起『盖叫天』这三个字，他们的眼神会立刻闪出兴奋的光。没牙的老阿公会比画着告诉你盖叫天原名叫张英杰，第一个艺名叫金豆子。原来在天津学艺。到杭州后，大家觉得『金豆子』这名号不合适，便给他起了个新名叫『蓟仙』，但盖叫天并不喜欢这个名。当时著名京剧表演艺术家谭鑫培叫『小叫天』，盖叫天希望自己能有谭鑫培的本事，就给自己起名『小小叫天』。不料旁边一盆冷水泼下：『哼！你也配起这名儿！』这可把年少气盛的盖叫天惹火了，他决心不仅继承前辈艺术，还要自成一家，『盖』过叫天。『盖叫天』就这么叫开了。凭着上乘的底子和这个名字的激励，盖叫天终于成为『江南第一武生』。

盖叫天不仅表演得好，还十分重艺德。一九三四年上海大舞台演《狮子楼》，为招徕观众，剧场老板别出心裁地在舞台上搭了个『酒楼』。当时盖叫天演的武松替兄报仇，有一幕是武松到『酒楼』上追杀西门庆，西门庆跳窗而逃，武松紧追。武松上『楼』后，西门庆往下跳，怎料盖叫天准备往下跳时，西门庆还躺在地上。按戏路，西门庆跳楼后应迅速翻到一边，给武松腾地方，既要保证演出顺利，又要保护『西门庆』，情急之下盖叫天在空中一个闪身往一旁去，但因用力过大，落地时摔断了右腿，他却忍着剧痛，坚持表演完。后来因为庸医接错了断骨，盖叫天可能无法再登台。他知道后毅然将腿骨撞断，要医生重接。蘇毅说他是『燕北真好汉，江南活武松』。

盖叫天墓建于上世纪五〇年代，坐东朝西，土石结构，墓前立有石碑坊，上书「学到老」三字，两旁楹联为「英名盖世三岔口，杰作惊天十字坡」。

戏台上的盖叫天

清代木雕武生

盖叫天

1986年，浙江省政府重建了著名京剧表演艺术家盖叫天生前在西湖边自建的寿坟，并将他的骨灰移葬此处，一代京剧大师终于得以安眠。

在杭州，你跟老戏迷提起“盖叫天”这三个字，他们的眼神会立刻闪出兴奋的光。没牙的老阿公会比画着告诉你，盖叫天原名叫张英杰，第一个艺名叫金豆子，原来在天津学艺。到杭州后，大家觉得“金豆子”这名号不合适，便给他起了个新名叫“菊仙”，但盖叫天并不喜欢这个名。当时著名京剧表演艺术家谭鑫培叫“小叫天”，盖叫天希望自己能有谭鑫培的本事，就给自己起名“小小叫天”。不料旁边一盆冷水泼下：“哼，你也配起这名儿！”这可把年少气盛的盖叫天惹火了，他决心不仅继承前辈艺术，还要自成一家，“盖”过叫天，“盖叫天”就这么叫开了。凭着上乘的底子和这个名字的激励，盖叫天终于成为“江南第一武生”。

盖叫天不仅表演得好，还十分重艺德。1934年上海大舞台演《狮子楼》，为招徕观众，剧场老板别出心裁地在舞台上搭了个“酒楼”。当时盖叫天演的武松替兄报仇，有一幕是武松到“酒楼”上追杀西门庆，西门庆跳窗而逃，武松紧追。武松上“楼”后，西门庆往下跳。怎料盖叫天准备往下跳时，西门庆还躺在地上（按戏路，西门庆跳楼后应迅速翻到一边，给武松腾地方），既要保证演出顺利，又要保护“西门庆”，情急之下盖叫天在空中一个闪身往一旁去，但因用力过大，落地时摔断了右腿，他却忍着剧痛，坚持表演完。后来因为庸医接错了断骨，盖叫天可能无法再登台。他知道后毅然将腿骨撞断，要医生重接。陈毅说他是“燕北真好汉，江南活武松”。

爱好家丑外扬的郁达夫

杭州大学路场官弄六十二号是郁达夫在杭州的住所—风雨茅庐。郁达夫虽然喜欢杭州，在杭州住的时间却不长，又经历了婚姻中的『家丑外扬』，其原因八成是给房子起错了名字。

郁达夫的第二任妻子王映霞号称『杭州第一美人』，是知名的交际花。在郁达夫买房定居杭州时便不喜欢『风雨茅庐』这个名字，嫌它书生酸腐气太重，『风雨』二字兆头也不好。事实证明，郁达夫和王映霞的婚姻里『风雨』还真不少。郁达夫有点小肚鸡肠，夫妻吵架的小事也要多次登报。王映霞是社交名媛，郁达夫是知名才子，他们二人的花边新闻自然传得五花八门。一次，郁达夫怀疑王映霞和自己的朋友许绍棣有暧昧，醋意大发。王映霞懒得解释，干脆离家出走。最后还是郁达夫登报道歉，才追回了老婆。

后来郁达夫和王映霞的婚姻出现了真正的第三者—国民党特务头子戴笠。如果比较戴笠和郁达夫，一个是手握重权的风流大官，一个是小心眼的酸腐文人，王映霞肯定更倾心于前者。

一九三九年，郁达夫登报发表了《毁家诗纪》，把婚姻中的丑事宫闱都宣泄出来。这一举动使王映霞备受羞辱，直接刺激得她登报离婚，王映霞指责郁达夫『浪漫腐化，不堪同居』。想来当时的人们会不会收集『郁达夫婚变历程』做成剪报呢？

郁达夫与王映霞

趣闻

郁达夫以为王映霞和许绍棣有暧昧，王映霞离家出走后，郁达夫便拿她的裙子发泄怒气。他在一条白裙子上写了"此乃下堂妾之物也"，贬低王映霞是自己赶走的小妾。

爱好家丑外扬的郁达夫

杭州大学路场官弄62号是郁达夫在杭州的住所——风雨茅庐。郁达夫虽然喜欢杭州，在杭州住的时间却不长，又经历了婚姻中的“家丑外扬”，其原因八成是给房子起错了名字。

郁达夫的第二任妻子王映霞号称“杭州第一美人”，是知名的交际花。在郁达夫买房定居杭州时便不喜欢“风雨茅庐”这个名字，嫌它书生酸腐气太重，“风雨”二字兆头也不好。事实证明，郁达夫和王映霞的婚姻里“风雨”还真不少。郁达夫有点小肚鸡肠，夫妻吵架的小事也要多次登报。王映霞是社交名媛，郁达夫是知名才子，他们二人的花边新闻自然传得五花八门。一次，郁达夫怀疑王映霞和自己的朋友许绍棣有暧昧，醋意大发，王映霞懒得解释，干脆离家出走。最后还是郁达夫登报道歉，才追回了老婆。

后来，郁达夫和王映霞的婚姻出现了真正的第三者——国民党特务头子戴笠。如果比较戴笠和郁达夫，一个是手握重权的风流大官，一个是小心眼的酸腐文人，王映霞肯定更倾心于前者。

1939年，郁达夫登报发表了《毁家诗纪》，把婚姻中的丑事苦闷都宣泄了出来。这一举动使王映霞备受羞辱，直接刺激得她登报离婚，王映霞指责郁达夫“浪漫腐化，不堪同居”。想来，当时的人们会不会收集“郁达夫婚变历程”做成剪报呢？

小贴士：

郁达夫家事

郁达夫以为王映霞和许绍棣有暧昧，王映霞离家出走后，郁达夫便拿她的裙子发泄怒气。他在一条白裙子上写了“此乃下堂妾之物也”，贬低王映霞是自己赶走了的小妾。

戴望舒：民国帅哥的『小布尔乔亚情怀』

『小布尔乔亚』翻译成现代汉语大概指『小资』『小资情调』搁在今天也许就是喝咖啡、享受下午茶和泡酒吧。在民国，戴望舒这种人，就是『小资』的典型代表，他们有点小钱，爱追求浪漫，却又常常被现实所伤害。

戴望舒出身不高不低，没有徐志摩的海宁世家条件优渥，但也不算贫穷。他爱上的第一个女人叫施绛年，可惜施绛年既不喜欢多情浪漫的才子也不喜欢戴望舒的长相。以今天的审美观来看，戴望舒绝对算是帅哥，可惜施绛年偏偏对他不来电。戴望舒死缠烂打，甚至以跳楼相逼，施绛年才勉为其难跟他订婚，然后便从心而忘戴望舒去法国留学以躲避他。结果可以想见，施绛年已经琵琶别抱了。戴望舒冲动之下给了施绛年一个耳光，也终结了两人八年的恋情。

有人说，戴望舒的《雨巷》里那个撑着油纸伞的『丁香姑娘』就是施绛年，因为得不到的才是最好的。后来，戴望舒又经历了两段婚姻，都因为他的冷淡和心属伊人而宣告破灭。虽然戴望舒又尝试以自杀威胁，可惜两任妻子都不吃这一套。

戴望舒是游离在现实外的人，得不到理想的伴侣便躲在了自己的世界中，拒绝外界给他的关怀。就诗人来说，他也许很成功，但就做人来说，一个动不动便寻死觅活的男人，绝对没有女人缘。

戴望舒纪念碑

法国里昂大学院内有一片丁香花丛，旁边是一座用中文写着"纪念中国诗人戴望舒里昂中法大学学生"的纪念碑。

《雨巷》片段

撑着油纸伞，独自彷徨在悠长、悠长又寂寥的雨巷，我希望逢着一个丁香一样的结着愁怨的姑娘

戴望舒：民国帅哥的“小布尔乔亚情怀”

“小布尔乔亚”翻译成现代汉语大概指“小资”，“小资情调”搁在今天也许就是喝咖啡、享受下午茶和泡酒吧。在民国，戴望舒这种人，就是“小资”的典型代表，他们有点小钱、爱追求浪漫，却又常常被现实所伤害。

戴望舒出身不高不低，没有徐志摩的海宁世家条件优渥，但也不算贫穷。他爱上的第一个女人叫施绛年，可惜施绛年既不喜欢多情浪漫的才子，也不喜欢戴望舒的长相。以今天的审美观来看，戴望舒绝对算是帅哥，可惜施绛年偏偏对他不来电。戴望舒死缠烂打，甚至以跳楼相逼，施绛年才勉为其难跟他订婚，然后便怂恿戴望舒去法国留学以躲避他。结果可以想见，戴望舒留学归来，施绛年已经琵琶别抱了。戴望舒冲动之下给了施绛年一个耳光，也终结了两人八年的恋情。

有人说，戴望舒的《雨巷》里那个撑着油纸伞的“丁香姑娘”就是施绛年，因为得不到的才是最好的。后来，戴望舒又经历了两段婚姻，都因他的冷淡和心属伊人而宣告破灭。虽然戴望舒又尝试以自杀威胁，可惜两任妻子都不吃这一套。

戴望舒是游离在现实外的人，得不到理想的伴侣便躲在了自己的世界中，拒绝外界给他的关怀。就诗人来说，他也许很成功，但就做人来说，一个动不动便寻死觅活的男人，绝对没有女人缘。

小贴士：

戴望舒纪念碑

法国里昂大学院内有一片丁香花丛，旁边是一座用中文写着“纪念中国诗人戴望舒里昂中法大学学生”的纪念碑。